Veith Risak

BENEDIKT

Menschenführer und Gottsucher

Gedanken zur Benediktregel

BÖHLAU VERLAG WIEN · KÖLN · WEIMAR

Die Deutsche Bibliothek - CIP-Einheitsaufnahme
Benedikt : Menschenführer und Gottsucher ; Gedanken zur Benediktregel / Veith Risak. - Wien ; Köln ; Weimar : Böhlau, 1991
ISBN 3-205-05422-9
NE: Risak, Veith

Druck: Novographic, A-1238 Wien

Inhalt

Vorwort zum St. Benedikt-Buch von Veith Risak

Der Verfasser, Manager der Datenabteilung eines Wiener Großkonzerns, hat in einer Reihe von Jahren im Benediktinerkloster Kremsmünster "Kloster auf Zeit" gemacht. Er hat dabei das Leben in einem Kloster von heute kennen gelernt.

Dabei bekam er auch die Regel des hl. Benedikt in die Hand. Bei längerem Studieren wurde sie für ihn immer faszinierender. Er kam immer mehr darauf, daß sie trotz aller Zeitbezogenheit eine große Weisheit in der Menschenführung enthält und allen, denen Menschen anvertraut sind, viel geben kann. Er hat diese Erkenntnisse in Seminaren wiederholt diskutiert und erprobt. Daraus ist das vorliegende Buch entstanden, das parallel zur Regel seinen Kommentar enthält.

Was in der Regel des hl. Benedikt über die Aufgabe des Abtes gesagt wird, läßt sich unschwer, gewiß mit Veränderungen, auf einen modernen Manager übertragen. Er kann viel lernen für eine humane Führung, der ihm "Anvertrauten", um nicht zu sagen "Untergebenen":
Grundsätze der Regel wie "rechtes Maß", - eine immer wieder vorkommende Weisung - Entscheidungsfindung im Dialog mit Jungen und Alten, Verantwortung aller Beteiligten, Einfachheit in der Lebensführung, ehrfurchtsvolles Umgehen mit den Menschen und Dingen im Blick auf die Verantwortung vor Gott, Nichtverfallenheit an die materiellen Dinge, sondern mäßiger Gebrauch, eine gute Zeiteinteilung, die auch der Besinnung und dem Gebet Raum gibt.

Besinnung tut allen not. Was über den Vorrang des Gebetes gesagt wird, kann nur dem Glaubenden als Verpflichtung gelten, während die angeführten Regeln Maßstäbe für echtes menschliches Verhalten für jeden sind.

Gewiß gibt es in der Regel manches Zeitbedingte, was heute nicht mehr praktiziert werden kann: daß z.B. Kinder in eine Klostergemeinschaft aufgenommen werden können, daß es körperliche Züchtigungen geben kann und Demütigungen, die das Selbstgefühl eines Menschen verletzen können. Das scheidet aber der Verfasser als nicht mehr zeitgemäß in seinem Kommentar aus.

Man möchte daher wünschen, daß diese Art Kommentar in viele Hände kommt, in die von Managern, Chefs, aber auch Angestellten.

+ Maximilian Aichern OSB
Bischof von Linz
10. April 1991

Vorbemerkungen

Ich möchte zeigen, daß viele Aussagen der Benediktregel[1] (RB) auch heute genauso aktuell sind wie vor 1500 Jahren. Dies wird besonders deutlich, wenn man einige Bezeichnungen sinngemäß ersetzt und nach Absehen von manchen zeitgebundenen Formulierungen sich überlegt, was die so übertragenen Aussagen für unsere heutige Situation bedeuten könnten.

Es wird sich zeigen, daß BENEDIKT nicht nur, und so wird er meist gesehen, als Heiliger und 'Mönchsvater', sondern auch für heutige Basisgemeinden, ja auch für das Zusammenleben im weltlichen Bereich als:

- Gottsucher,
- Menschenführer und
- Manager

uns viel zu sagen hat.

BENEDIKT VON NURSIA (geb. um 480) lebte in einer Übergangszeit des Zerfallens der antiken Kultur und am Beginn einer dunklen Epoche europäischer Kultur.

Auch heute finden sich manche Zeichen des Auslaufens einer Periode, einer weit verbreiteten Sinnkrise, gekennzeichnet durch den Zerfall überkommener Ordnungsstrukturen und von Großverbänden,[2] wobei eine neue Ordnung erst in Ansätzen[3] sichtbar wird.

Man weiß nicht mehr, was man soll. FRANKL[4] bezeichnet die Sinnkrise als die Neurose unserer Zeit, und versucht, ihr mit seiner 'Logotherapie' zu begegnen, die dem einzelnen seinen Sinn erfahrbar machen soll.

Solche Übergangsperioden zeigen ein emotionales Ablehnen als unbegründet empfundener Ordnungsstrukturen (als 'law and order') und eine grundlegende Tendenz[5] zur Unordnung, zum Chaos. In solcher Situation hilft keine erzwungene Ordnung, die wie in jener Übergangszeit den Zerfall einer Zivilisation, die 'keiner mehr wollte', nur verzögern, aber nicht verhindern kann. Ebenso wenig hilft die Haltung des 'laissez faire', der alles gleichgültig ist: 'weil mir so fad ist'.

Hier schlägt BENEDIKT in seiner Regel einen Weg vor:

- der von der Überzeugung vom Sinn und Wert des menschlichen Lebens ausgeht,
- der eine Ordnung anbietet, die menschlich und nicht starr ist, die bei klarer Darstellung der möglichen Schwierigkeiten,
- zu einer Entscheidung in Freiheit aufruft.

Wenn BENEDIKT seine Regel auch für das Zusammenleben im Kloster schrieb, so enthält sie doch soviel allgemein Gültiges, daß es sich lohnt, sie nach dem eigenen Standpunkt, der eigenen Weltanschauung, als Modell des Zusammenlebens zu prüfen.

Daraus ergibt sich, entsprechend den akzeptierten Voraussetzungen, ein jeweils verschiedener Grad der Verbindlichkeit ihrer Aussagen:

- Zusammenleben in weltlichen Organisationen[6]. Die Voraussetzung ist hier 'nur' ein echt humanes Weltbild.

- Zusammenleben in christlichen Gemeinden. Hier kommt als weitere Voraussetzung das christliche Weltbild hinzu.

- Zusammenleben im Kloster.

Hier kommt als weitere Voraussetzung die Entscheidung zum Leben als Mönch oder Nonne hinzu.

In obiger Reihenfolge werden immer weitergehende Voraussetzungen gemacht; entsprechend gelten immer größere Teile der Regel.

Je nach gewählter Ebene ist ein unterschiedlicher Teil dieser Lebensregeln aktuell und verbindlich; doch kann die RB auch auf der äußersten Schicht, z.B. Managern[7] oder Betriebsräten, usw., wertvolle Hinweise und Denkanstöße geben.

Die RB vergewaltigt niemand; sie stellt hohe Forderungen auf, geht aber im einzelnen auf die Grenzen und Schwächen des Menschen ein, allerdings ohne die grundsätzlichen Forderungen zurückzunehmen. Die RB ist menschlich, aber nicht schlampig!

Leitmotive sind u.a.: "das rechte Maß", "niemand betrüben", "der Eigenart vieler dienen"; Gehorsam gegenüber einer frei übernommenen Verpflichtung, und "nicht murren".

Die Benediktregel schließt mit einem Angebot an alle:
"Du also, wer immer du bist..."
Sie lädt über die engen Grenzen der Benediktinerklöster im engeren Sinn und über viele Jahrhunderte hinweg zur bewußten Lebensgestaltung in christlichen Gemeinden, in Klöstern, sowie in profaner Umgebung ein.

Sie kann, mit heutigen Augen gelesen, jedem einzelnen, besonders aber jenen, die Verantwortung für andere tragen, Anregung und Hilfe sein.[8]

Beim ersten Lesen dieses immerhin ca. 1500 Jahre alten Textes fällt zunächst eine große Strenge und Kompromißlosigkeit auf, die gemeinsam mit einer 'archaischen'

Sprache, die Lektüre und das Umsetzen in die heutige Situation erschweren.

Der folgende Kommentar soll bei dieser Arbeit - und die Auseinandersetzung mit einem derartig anspruchsvollen Text ist Arbeit - helfen.

Die dargestellten 'Gedanken zur Benediktregel' stellen meine persönliche Ansicht dar, die jedoch wesentlich durch das Mitleben in einer Wiener Basisgemeinde[9] und langjährige Beziehungen zu meinen Freunden in Stift Kremsmünster geprägt ist.

Daher sollen diese 'Gedanken' nicht irgendwie als verbindlich angesehen werden, sondern eher Ansatzpunkte zur eigenen Beschäftigung mit der RB bieten.

Den Bemerkungen zu den einzelnen Kapiteln wurden jeweils kurze Zusammenfassungen vorangestellt, die auf die jeweiligen Schwerpunkte und Kernaussagen hinweisen.

Um den Zugang zu erleichtern, habe ich das Inhaltsverzeichnis durch zwei Indices ergänzt: einen mit Begriffen heutiger Situationen, der sich auf den Kommentar bezieht, und einen, der sich (übernommen aus dem deutschen Regeltext) auf den Text der RB selbst bezieht.

Anmerkungen zur zweiten Auflage:

Das Layout und damit die Lesbarkeit wurden verbessert.
Anregungen von Lesern der ersten Auflage wurden eingearbeitet, bzw. berücksichtigt.

Wien, 1991

Die Regel des hl. BENEDIKT

Vorwort zur Heiligen Regel

Das Vorwort will einen Anstoß geben aufzuwachen, das Ziel und die Verantwortung für das Gelingen des eigenen Lebens zu überdenken, und daraus Konsequenzen für den weiteren Weg zu ziehen.
Dazu bietet es die Lehren und die Erfahrung des "Meisters" an, der für den Christen letztlich Gott selbst ist. Aber auch für Nichtchristen ist die menschliche Weisheit, die in der Benediktregel enthalten ist, die Mühe der Auseinandersetzung mit ihr wert.

1 Höre, mein Sohn, auf die Lehren des Meisters, neige das Ohr deines Herzens, nimm die Mahnung des gütigen Vaters willig an und erfülle sie durch die Tat. 2 So wirst du durch die Mühe des Gehorsams zu dem zurückkehren, von dem du dich in der Trägheit des Ungehorsams entfernt hast.
3 So richtet sich denn jetzt mein Wort an dich: an jeden, der dem Eigenwillen entsagt und die starken und herrlichen Waffen des Gehorsams ergreift, um dem wahren König, Christus dem Herrn, zu dienen.

1 "Höre mein Sohn auf die Lehren des Meisters." Die Benediktregel beginnt hier im Vorwort, und endet im letzten Kapitel (vgl. 73,8): "Du also, wer immer du bist..." mit einer persönlichen Anrede an den Leser, die sich sonst in den anderen Kapiteln nicht mehr findet.

Die sonst im Stil so sachlich gehaltene Regel wird in persönliche Anreden gleichsam 'eingeklammert'.

Diese Besonderheit deutet für mich darauf hin, daß BENEDIKT seine Regel bewußt für den Menschen schreibt. Der Mensch, seine Reifung, sein endgültiges Heil stehen im Vordergrund; nicht das 'Gesetz' der Regel.

"Höre" Ein Anstoß, der auch aus dem eigenen Inneren aufsteigen kann, ist nötig, um (vgl. V,8) "vom Schlaf aufzustehen". Dieser Anruf wird nur dann wirksam, wenn man ihm 'zuhört', und nicht 'den Wecker gleich wieder abstellt'.
Dies setzt die Bereitschaft zum Zuhören, zur aktiven Auseinandersetzung, ja letztlich zur Entscheidung voraus.

Diese aktive Haltung ist das Gegenteil zum nahezu unbewußten Dahinleben, zum 'Sich-leben-lassen'!

4 Sooft du etwas Gutes zu tun beginnst, bitte zuerst inständig darum, daß er es vollende.

5 Dann braucht er, der uns jetzt gnädig unter seine Söhne aufgenommen hat, nicht dereinst über unser böses Tun betrübt sein.

6 Denn immer müssen wir ihm mit den Gaben, die er in uns legt, so gehorchen, daß er nie als erzürnter Vater uns, seine Söhne, enterbt 7 oder als strenger Herr, zornig über unsere Sünden, uns wie nichtsnutzige Knechte der ewigen Strafe überantwortet, weil wir ihm zur Herrlichkeit nicht folgen wollten.

6-7 "...mit den Gaben, die er in uns legt..." Wir sollen unsere jeweiligen Anlagen und Fähigkeiten positiv nutzen, und sie nicht 'verkommen lassen', damit wir den Sinn unseres Lebens nicht endgültig verfehlen[1], "der ewigen Strafe überantwortet" werden.

8 Stehen wir also endlich einmal auf; die Schrift weckt uns und sagt: Die Stunde ist gekommen, vom Schlaf aufzustehen.

9 Öffnen wir unsere Augen dem göttlichen Licht und hören wir mit aufmerksamem Ohr, was die Stimme Gottes, jeden Tag uns mahnend, zuruft: 10 Wenn ihr heute seine Stimme hört, verhärtet euer Herz nicht! 11 Ferner: Wer Ohren hat zu hören, der höre, was der Geist den Gemeinden sagt!

8 "Die Stunde ist gekommen, vom Schlafe aufzustehen."

Das gilt als Mahnung auch heute, keine Zeit untätig ('untätig' ist etwas anderes als 'ruhig', oder 'kontemplativ') zu vertun.

10 Man soll eine Anforderung zur Entscheidung, die man als wesentlich erkennt, nicht verdrängen[2] oder hinausschieben (durch Ablenken, 'zuviel zu tun haben',...). (Vgl. auch V,43-44 und die Verkündigungsszene Mariens, Luk 1, 26-38.)

12 Und was sagt er? Kommt meine Söhne, hört mir zu! Ich will euch die Furcht des Herrn lehren. 13 Lauft, solange ihr noch das Licht des Lebens habt, damit euch nicht die Finsternis des Todes überfällt![3]

14 Das ruft der Herr der Volksmenge zu, in der er seinen Arbeiter sucht; er ruft nochmals:

15 Wer ist der Mensch, der das Leben liebt und gute Tage zu sehen wünscht? 16 Wenn du das hörst und antwortest: Ich, dann sagt Gott zu dir:
17 Willst du das wahre und ewige Leben haben, so bewahre deine Zunge vor dem Bösen und deine Lippen vor falscher Rede! Meide das Böse und tu das Gute, suche den Frieden und jage ihm nach!

15-17 Voraussetzung für ein geglücktes Leben ist eine positive Grundhaltung. Die in 17 genannten Haltungen sind durchaus soziale Tugenden, wenngleich sie im folgenden Vers 18 religiös gedeutet werden.

18 Wenn ihr das tut, dann richte ich meine Augen auf euch und höre eure Gebete, und noch ehe ihr mich anruft, sage ich zu euch: Hier bin ich.
19 Was könnte uns, liebe Brüder, willkommener sein als diese Stimme des Herrn, der uns einlädt?
20 Seht doch, in seiner Güte zeigt uns der Herr den Weg zum Leben.
21 Umgürten wir uns also mit dem Glauben und der Übung der guten Werke, und gehen wir unter der Führung des Evangeliums seine Wege, damit wir ihn schauen dürfen, der uns in sein Reich gerufen hat.
22 Wenn wir im Zelt seines Reiches wohnen wollen, müssen wir mit guten Taten vorwärts eilen; sonst werden wir nie dorthin gelangen.

22 Dies ist eine starke Betonung der menschlichen Leistung, die aber in V, 29-32 relativiert wird.

23 Aber fragen wir doch den Herrn mit den Worten des Propheten: Herr, wer darf wohnen in deinem Zelt, wer darf ruhen auf deinem heiligen Berg?

24 Brüder, hören wir auf diese Frage die Antwort des Herrn; er zeigt uns den Weg zu seinem Zelt 25 und sagt: Wer makellos lebt und das Rechte tut, 26 wer von Herzen die Wahrheit sagt und mit seiner Zunge nicht verleumdet; 27 wer seinem Freund nichts Böses antut und seinen Nächsten nicht schmäht; 28 wer den bösen Teufel, der ihm etwas einflüstert, samt seiner Einflüsterung vom Blick seines Herzens wegstößt, ihn zunichte macht, seine Gedankenbrut packt und an Christus zerschmettert; 29 wer den Herrn fürchtet und sich wegen seiner guten Beobachtung [der Regel] nicht überhebt, sondern überzeugt ist, daß das Gute, das in ihm ist, nicht sein eigenes Werk ist, sondern das Werk des Herrn.

30 Solche Menschen preisen den Herrn, der in ihnen wirkt, und sagen mit dem Propheten: Nicht uns Herr, nicht uns, sondern deinem Namen gib die Ehre! 31 So hat auch der Apostel Paulus von seiner Predigt nichts sich selber zugeschrieben; er sagt ja: Durch die Gnade Gottes bin ich, was ich bin.

32 Und er sagt auch: Wer sich rühmt, rühme sich des Herrn!

33 Von solchen Menschen sagt der Herr im Evangelium: Wer diese meine Worte hört und danach handelt, ist wie ein kluger Mann, der sein Haus auf einen Felsen baute.

34 Ein Wolkenbruch kam, Stürme tobten und rüttelten an dem Haus; aber es stürzte nicht ein; denn es war auf einen Felsen gebaut.

29-30 (Vgl. 4,43-46) Diese Begründung in Gott wäre auch für die 'Gemeinderegel' einer christlichen Gemeinde 'in der Welt' sinnvoll.[4]

35 So schließt der Herr [die Bergpredigt]. Nun erwartet er von uns, daß wir diesen seinen heiligen Mahnungen Tag für Tag durch unsere Taten entsprechen. 36 Deshalb werden uns zur Besserung vom Bösen die Tage dieses Lebens als Gnadenfrist geschenkt.

36 "...zur Besserung vom Bösen..." geht von einem belasteten Menschenbild aus, das von Natur aus zum Bösen neigt, und zur wahren Menschwerdung "gebessert" werden muß.[5]

37 Sagt doch der Apostel: Weißt du nicht, daß Gottes Langmut dich zur Umkehr führt? 38 In seiner Güte sagt ja der Herr: Ich habe kein Gefallen am Tod des Schuldigen, sondern daran, daß er umkehrt und am Leben bleibt.

38 Vgl. hiezu die Anforderungen an den Abt (64,12-13).

39 Brüder, wir haben den Herrn gefragt, wer in seinem Zelt wohnen darf, und wir haben die Wohnbedingungen gehört.[6]

Nun müssen wir auch die Pflichten eines Bewohners erfüllen! 40 Wir wollen also unser Herz und unseren Leib für den Dienst bereiten, für den heiligen Gehorsam gegen die Gebote![7]

41 Weil wir das aber mit unserer natürlichen Kraft nicht zustande bringen, wollen wir vom Herrn die Hilfe seiner Gnade erbitten.

41 Christentum basiert nicht auf Leistungsdruck, sondern auf dem Vertrauen auf die Gnade als freies Geschenk Gottes.
Dies bedeutet die Anerkennung menschlicher Grenzen, die grundsätzlich eine Selbsterlösung oder Selbstrechtfertigung verhindern.[8]
Verwendet BENEDIKT in seiner Regel deshalb so viele Bibelzitate, um diese nicht nur auf eine menschliche Basis zu stellen?

42 Wenn wir den Höllenstrafen entrinnen und zum ewigen Leben gelangen wollen, 43 müssen wir jetzt, solange noch Zeit ist und wir in diesem Leib wohnen, das

alles erfüllen; jetzt da wir noch das Licht dieses Lebens schauen und Zeit haben, 44 müssen wir vorwärts eilen und tun, was uns für die Ewigkeit nützt.

45 Wir wollen also eine Schule für den Dienst des Herrn gründen.

45 Statt "Schule" könnte man in heutiger Sprechweise vielleicht besser "Training" sagen. Beiden ist die Mühe des Anfangs vor dem schließlichen Erfolg gemeinsam.

46 Bei dieser Gründung ist es unsere Absicht, nichts Hartes, nichts Schweres anzuordnen. 47 Sollten jedoch Vernunft und Billigkeit zur Besserung von Fehlern und zur Bewahrung der Liebe da und dort etwas strengere Anforderungen stellen, 48 so verlaß nicht gleich voll Angst und Schrekken den Weg des Heils, der am Anfang nun einmal eng sein muß.
49 Sobald man aber im klösterlichen Leben und im Glauben Fortschritte macht, weitet sich das Herz, und man geht den Weg der Gebote Gottes in unsagbarer Freude der Liebe.

46-49 Gemeinde ist keine Spielerei, doch auch nichts "unnötig Hartes, Schweres"; wohl aber erfordert sie Disziplin und Durchhaltevermögen.
BENEDIKT geht immer wieder von "Vernunft und Billigkeit" (und der "Bewahrung der Liebe") aus. Er denkt praktisch, nicht schwärmerisch.
Auch für unsere heutigen Gemeinden (und ebenso für 'weltliche' Organisationen) gilt: "Verlaß nicht gleich den Weg, der am Anfang nun einmal eng sein muß". BENEDIKT hat solche 'Anfangsschwierigkeiten' am eigenen Leib erlebt. Erst nach diesen Anfangsschwierigkeiten, wie sie bei jedem Lernprozeß, bei jeder Umstellung auftreten, kommen die 'Erfolgserlebnisse'. Dann "weitet sich das Herz in unsagbarer Freude der Liebe".
Eine derartig positive Motivation läßt viele Schwierigkeiten leichter überwinden.

50 Wir wollen uns also nie der Leitung dieses Meisters entziehen, sondern im Kloster bis zum Tod an seiner Lehre festhalten und in Geduld am Leiden Christi teilnehmen, damit wir auch verdienen, Anteil zu haben an der Herrlichkeit seines Reiches.

Amen.

[Schließt das Vorwort]

[Beginnt der Wortlaut der Regel]
["Regel" heißt sie, weil sie das Leben derer, die ihr gehorchen, regelt.]

1 Die Arten der Mönche

1 Bekanntlich gibt es vier Arten von Mönchen.

Schwerpunkt ist die Gegenüberstellung positiver bzw. negativer Formen der Lebensführung.
BENEDIKT bevorzugt ganz deutlich das geordnete Zusammenleben in Gemeinschaften, aus denen in besonderen Fällen 'Einzelkämpfer' hervorgehen können, die es wagen, ihren weiteren Lebensweg allein durchzustehen.
BENEDIKT warnt diesbezüglich dringend vor der Gefahr der Selbstüberschätzung.
Als Negativbeispiele werden Egoisten, die sich selbst das Maß setzen, und triebgesteuerte leistungsunfähige Herumtreiber genannt.

2 Die erste Art ist die der Cönobiten, da heißt jener, die in Klöstern leben. Sie dienen unter Regel und Abt.

3 Dann gibt es eine zweite Art, die der Anachoreten oder Eremiten. Diese nehmen das Mönchsleben nicht im ersten Eifer des Anfängers auf sich, sondern haben eine lange Zeit der Prüfung im Kloster verbracht.

4 Durch die Hilfe vieler Brüder geschult, haben sie gelernt, gegen den Teufel zu kämpfen.

3-4 "Durch die Hilfe vieler Brüder geschult..." Gemeinschaft ist eine Hilfe zur Vollkommenheit, die allein (zumindest zunächst) unerreichbar ist. Solange jemand nicht reif ist, d.h. (jedoch nicht selbstherrlich verstanden) über den Dingen steht, kann er nicht allein seinen Weg gehen. Der "erste Eifer des Anfängers" ist nicht tragfähig genug.[9]
Gemeinschaft wird als Hilfe zur Vollkommenheit, aber nicht als Selbstwert[10] und nicht als Mittel zur Unterdrückung des Individuums verstanden.

5 Wohlgerüstet treten sie nun aus der Reihe der Brüder heraus und nehmen den Einzelkampf in der Wüste auf. Mit der Hilfe Gottes sind sie nun imstande, furchtlos, ohne den Beistand anderer, allein, mit eigener Hand und eigenem Arm, gegen die Verderbnis des Fleisches und der Gedanken zu kämpfen.

4-5 Erst nach Reifung durch Erkennen der eigenen Stärken und Schwächen, sowie positiver Erfahrung von Liebe in der Gemeinschaft kann (eventuell) jemand aus besonderer Berufung seinen weiteren Weg auch allein gehen.[11]

Das ist sicherlich der schwerere Weg und nicht der Normalfall.
Am Anfang braucht man mehr Korrektur und liebevolles Verständnis als Rückhalt.[12]

6 Eine dritte, ganz abscheuliche Art von Mönchen ist die der Sarabaiten. Diesen fehlt die Schule der Erfahrung; sie haben sich nicht in der Zucht einer Regel bewährt wie das Gold im Feuerofen, sondern sind weich wie Blei.

6 Reife für konsequente Lebensgestaltung braucht Disziplin und Übung.[13]

7 Durch ihre Taten halten sie immer noch der Welt die Treue und belügen offenkundig Gott mit ihrer Tonsur. 8 Zu zweit oder zu dritt oder auch allein leben sie ohne Hirten; statt in die Hürde des Herrn sind sie in ihre eigene eingesperrt und betrachten ihr eigenes Begehren und Behagen als ihr Gesetz. 9 Sie nennen all das heilig, was sie selbst für gut und wichtig halten; was sie aber ablehnen, das gilt ihnen als verboten.

8-9 Nicht sich selbst als Maß setzen! Das wäre eine Selbstvergötzung, die zwei Formen annehmen kann:
Eine schlampige verantwortungslose Triebhaftigkeit: "eigenes Begehren und Behagen als Gesetz", bzw. den Ausdruck neurotischen Zwanges: ("statt in die Hürde des Herrn in ihre eigene eingesperrt") oder eine Hybris im Sinne der Selbstüberschätzung.[14]

Dies ist die 'Ursünde': 'Ich bestimme, 'erkenne' das Gute und Böse'[15]

10 Eine vierte Art von Mönchen ist die der sogenannten Gyrovagen. Diese treiben sich ihr Leben lang in den verschiedenen Gegenden herum und halten sich in den Zellen einzelner Mönche drei oder vier Tage auf; 11 immer unstet, nie beständig, sind sie Sklaven ihres Eigenwillens und der Gaumenlust und sind in jeder Hinsicht noch verkommener als die Sarabaiten.

11 "Immer unstet, nie beständig, Sklaven ihres Eigenwillens..." beschreibt die Haltung des 'Sich-Nichtfestlegen-Wollens' oder der Entscheidungsschwäche: 'Ich weiß nicht, was ich will'.
Ein motivloses Sich-treiben-lassen ist kennzeichnend für die heutige Sinnkrise.
Diese Haltung kann auch die äußere Folge des Verdrängens (aus Feigheit?) einer anstehenden Entscheidung sein.[16]
Aus dieser Fehlhaltung heraus kann die Disziplin der Schule, des "Trainings" nicht geleistet werden.

12 Es ist besser, vom erbärmlichen Leben all dieser [Mönche] zu schweigen als davon zu reden.

12 Es ist leicht, sich gegenüber anderen (vielleicht wirklich schlechteren, doch steht mir darüber kein Urteil zu) 'zu gut vorzukommen'[17] und sich über sie 'den Mund zu zerreißen'.

13 Lassen wir sie also beiseite und gehen wir daran, der tüchtigsten Art, nämlich der Cönobiten, mit Gottes Hilfe eine feste Ordnung zu geben.

In der Folge wird nie mehr von den Eremiten[18] gesprochen.
Auf ihr Leben über die Anforderungen der RB hinaus geht erst das abschließende Kap. 73,2-7 als Weg zur Vervollkommnung wieder ein.
Positiv formuliert motiviert das erste Kapitel zum gemeinsamen Leben in einer christlichen Gemeinde unter einer gemeinsamen Regel und grenzt sich gegenüber dem 'hie und da Mitmachen ohne Bindung' deutlich ab.

2 Die Eigenschaften des Abtes

Dieses Kapitel, das gemeinsam mit Kap. 64 gelesen werden sollte, beschäftigt sich mit der Verantwortung der Leitung, die im Kloster der Abt trägt.
Zur Übertragung der Aussagen dieses Kapitels auf andere Führungsstrukturen sollte man z.B. das Wort 'Abt' durch 'Gemeindeleitung', oder auch durch 'Chef' in einem Betrieb ersetzen. Ebenso wäre 'Kloster' durch 'Gemeinde' oder 'gemeinsamer Betrieb' zu ersetzen.[19]

1 Ein Abt, der würdig ist, dem Kloster vorzustehen, muß immer den Titel bedenken, mit dem er angeredet wird, und muß der Bezeichnung 'Oberer' durch seine Taten gerecht werden.

1 Die Auswahl von Führungskräften soll aufgrund ganzheitlicher Pesönlichkeitsstrukturen erfolgen, die BENEDIKT als "würdig" bezeichnet. Das erfordert mehr als Fach- oder angelerntes Führungswissen und setzt ein hohes Maß an persönlicher Reife voraus. Die Bewährung ergibt sich aber letztlich aus den Taten.

2 Der Glaube sieht in ihm ja den Stellvertreter Christi im Kloster; redet man ihn doch mit dessen

Namen an, 3 wie es beim Apostel heißt: Ihr habt den Geist empfangen, der euch zu Söhnen macht, den Geist, in dem wir rufen: Abba, Vater!

4 Deshalb darf der Abt nichts lehren, bestimmen oder befehlen, was dem Gebot des Herrn widerspricht.

4 Anweisungen finden ihre Grenze an Gottes Gebot; dies ist eine Absage an persönliche Machtanmaßung.

5 Sein Befehl und seine Lehre sollen vielmehr wie ein Sauerteig der göttlichen Gerechtigkeit die Herzen der Jünger durchdringen.

6 Immer denke der Abt daran, daß beim furchtbaren Gericht Gottes beides Gegenstand der Untersuchung sein wird: seine Lehre und der Gehorsam der Jünger. 7 Der Abt muß wissen: Für jeden Verlust, den der Hausherr bei seinen Schafen feststellt, trifft den Hirten die Verantwortung. 8 Ebenso gilt freilich, daß der Hirt, der einer unruhigen und ungehorsamen Herde alle Hirtensorge geschenkt und gegen ihr verdorbenes Handeln alle Heilkunst aufgewandt hat, 9 im Gericht des Herrn freigesprochen wird und mit dem Propheten zum Herrn sagen darf: Deine Gerechtigkeit habe ich nicht in meinem Herzen verborgen; ich habe von deiner Treue und Hilfe gesprochen; sie aber haben mich verhöhnt und verachtet.

6-9 Hier wird die grundsätzliche Gesamtverantwortung jeder Leitung (vgl. 2,6-7) durch das menschliche Maß ohne Überforderung[20] relativiert, ohne aber den Grundsatz aufzugeben.[21]
Den Leitenden (den Verantwortlichen) trifft nach dem Versagen der Gemeinschaft nur dann keine Schuld, wenn er vorher alles ihm mögliche getan und (vgl. 2,8-9) jedes Fehlverhalten offen aufgezeigt hat.
So können z.B. am Zusammenbruch einer Firma Managementfehler oder Uneinsichtigkeit und Faulheit der Mitarbeiter Schuld tragen. (Vgl. jedoch 2,30 hinsichtlich der höheren Verantwortung der Leitung.)

10 Dann kommt schließlich über die Schafe, die sich in Ungehorsam seiner Hirtensorge widersetzt haben, als Strafe der allgewaltige Tod.

11 Wer also den Namen 'Abt' annimmt, muß seinen Jüngern in doppelter Weise als Lehrer vorstehen: 12 Er zeige mehr durch sein Beispiel als durch Worte,[22] was gut und heilig ist; den gelehrigen Jüngern lege er die Gebote Gottes mit Worten dar, den

Unempfänglichen und Einfältigeren aber veranschauliche er den Willen Gottes durch sein Beispiel.

12 betont die Verantwortung und Beispielsverpflichtung der Leitung. "Er zeige mehr durch sein Beispiel als durch Worte..." Das Beispiel, das ganzheitlich erlebt wird, überzeugt und motiviert mehr als Worte (Ratio) allein. Am Beispiel merkt man eher, ob jemand hinter seinen Worten steht. Mit meinem Beispiel kann ich viel schwerer lügen als mit Worten!
12 verlangt dabei Flexibilität,[23] die nicht mit Schwäche ('verantwortungslos') verwechselt werden darf.
Interessant sind die beiden Zielgruppen: Die erste der "gelehrigen Jünger" wird als verstandesorientiert angesehen und dementsprechend mit Worten angesprochen. Die zweite der "Unempfänglichen und Einfältigeren" wird als eher ganzheitlich, emotionell begreifend angesehen, und entsprechend durch das Beispiel geführt.

13 Wenn er in der Belehrung seine Jünger darauf hinweist, daß etwas [mit dem klösterlichen Leben] unvereinbar ist, dann soll er immer auch durch sein Beispiel zeigen, daß man es nicht tun darf. Sonst könnte es sein, daß er anderen predigt, selbst aber verworfen wird. 14 Gott könnte ihm, wenn er sündigt, einmal sagen: Warum zählst du meine Gesetze auf und nimmst mein Bundeswort in deinen Mund? Dabei ist dir selbst die Zucht verhaßt, und du wirfst meine Worte hinter dich. 15 Und: Du siehst im Auge deines Bruders den Splitter, aber den Balken in deinem Auge beachtest du nicht.

13-15 Das Verhalten und die Worte müssen im Einklang stehen, um einen Vertrauensverlust zu vermeiden. BENEDIKT's Führungsstil ist hier sehr aktuell.
Vergleicht man 12 mit 13, so wird das Verhalten des Abts ganzheitlicher gesehen[24] als das der Brüder, die s.o. in zwei Verhaltenstypen unterschieden werden.
Der Abt soll auch in seiner Reife, seiner Persönlichkeits-Integration ein Vorbild sein.

16 Er soll im Kloster niemand bevorzugen. 17 Er soll den einen nicht mehr lieben als den anderen, außer er fände an ihm mehr Tugend und Gehorsam.

16 "Niemand [ungerecht] bevorzugen..." vermeidet Eifersucht und Neid in der Gemeinschaft.

18 Der Freigeborene soll keinen Vorzug vor dem haben, der als Sklave eingetreten ist, außer es

läge sonst ein vernünftiger Grund vor.

18 Ersetzt man "Freigeborener, bzw. Sklave" durch 'Mann, Frau, Rasse...', so erhält man das Diskriminierungsverbot der UNO-Charta.

19 Wenn der Abt es aber aus Gründen der Gerechtigkeit für angebracht hält, kann er auch sonst jedem einen höheren Rang zuweisen. Im übrigen behalte jeder den Platz, der ihm zukommt; 20 denn ob Sklave oder Freigeborener: In Christus sind wir alle eins und tragen unter dem einen Herrn die gleiche Last des Soldaten- und Sklavendienstes; bei Gott gibt es ja kein Ansehen der Person. 21 Er bevorzugt uns nur dann, wenn unsere Taten besser sind als die der anderen und wenn wir demütig sind.
22 Der Abt habe für alle die gleiche Liebe, stelle an sie in allen Fällen je nach Verdienst die gleichen Forderungen.

18-22 Unterschiede dürfen nur gemacht werden, wenn "sonst ein vernünftiger Grund vor[liegt]".[25] Dieser Grund liegt nicht im verschiedenen Wert des einzelnen, denn, "in Christus sind wir alle eins". Das Verbot, Unterschiede in der Person zu machen, folgt auch aus: "habe für alle die gleiche Liebe, stelle an sie in allen Fällen je nach Verdienst die gleichen Forderungen."[26]

20 wendet sich gegen 'Positionskämpfe', denn "bei Gott gibt es ja kein Ansehen der Person". Dann spielt 'Rang' und 'Gesicht' keine Rolle. Für jemand, der sich wirklich auf Gott einläßt, müßten unsere Positionskämpfe (wegen des unendlichen Abstandes zwischen Gott und Mensch) lächerlich unwichtig erscheinen.[27]

Die Kopplung zwischen "Verdienst" und "Forderungen" sollte besser durch eine von "Leistungsfähigkeit"[28] und "Forderungen" ersetzt werden. Sonst könnte sich das Paradoxon ergeben, daß an jemand mit geringen Verdiensten nur geringe Forderungen gestellt werden und umgekehrt.

23 Als Lehrer halte sich der Abt immer an das Beispiel und den Grundsatz des Apostels: Weise zurecht, ermutige, tadle! 24 Das heißt: Je nach Zeit und Umständen verbinde er mit der Strenge sanfte Güte; er zeige bald den Ernst des Meisters, bald die zärtliche Liebe des Vaters. 25 Die Ungezogenen und Unruhigen soll er sehr hart zurechtweisen, die Gehorsamen, Friedlichen und Geduldigen aber zu weiterem Fortschritt ermutigen. Wir ermahnen ihn, die Nachlässigen und

Verächter [der Zucht] zu tadeln und zu bestrafen.

23-25 Differenziertes, nicht starres Verhalten wird viel leichter angenommen:[29] "Je nach Zeit und Umständen Strenge, Ernst, sanfte Güte, zärtliche Liebe...".

26 Er soll nicht über die Fehler der Schuldigen hinwegsehen, sondern sie, so gut er kann, gleich beim Entstehen mit der Wurzel ausrotten. Er denke an den Tod des Priesters Heli von Silo.

26 'principiis obsta': Fehler oder Probleme aus falschem Takt zu übersehen,[30] oder aus Feigheit, sich dem Konflikt zu stellen, bringt keine Lösung. Derartige Situationen sind später viel schwerer und kaum ohne 'Gesichtsverlust' korrigierbar.[31]

26 ist in der Formulierung härter als die differenziertere Aussage in 64,12-14. Das später ergänzte Kap. 64 zeigt offensichtlich in seiner höheren Differenziertheit die nun größere menschliche Erfahrung BENEDIKT'S

27 Rechtschaffene und verständige Gemüter weise er bei der ersten und zweiten Mahnung mit Worten zurecht; 28 die Unaufrichtigen und Widerspenstigen, die Stolzen und Ungehorsamen aber bestrafe er gleich beim Entstehen der Sünde mit Schlägen und körperlicher Züchtigung.

Kennt er doch das Schriftwort: Der Tor wird durch Worte nicht gebessert. 29 Und das andere: Schlag deinen Sohn mit der Rute, und du rettest ihn vor dem Tod.

28-29 Körperliche Züchtigung als Erziehungsmittel ist problematisch.[32]

30 Der Abt soll immer daran denken, was er ist; er soll daran denken, was sein Name besagt. Er soll wissen: Wem mehr anvertraut ist, von dem wird auch mehr gefordert.[33]

30 Hier wird die höhere Verantwortung jeder Leitung betont.

31 Er soll wissen, wie schwer und mühevoll die Aufgabe ist, die er übernommen hat, Seelen zu leiten und der Eigenart vieler zu dienen; bei dem einen soll er es mit sanfter Güte, bei dem anderen mit Tadel, beim dritten mit eindringlichem Zureden versuchen.[34]

31 "...und der Eigenart vieler zu dienen..." Macht wird hier als Dienst[35] an der Reifung der seiner Leitung Anvertrauten gesehen. Da ist kein Platz für 'autoritäres' Verhalten.[36]

32 Je nach Veranlagung und Fassungskraft eines jeden soll er sich an alle so anpassen und anschmiegen, daß er an der ihm anvertrauten Herde keinen Verlust zu beklagen hat, sondern im Gegenteil sich am Gedeihen der guten Herde freuen kann.

32 fordert differenziertes Verhalten. Der einzelne und seine Veranlagung, seine Fassungskraft gehen vor starren Normen. Sich "anpassen und anschmiegen ist vom Schließen fauler Kompromisse, um Konflikten auszuweichen, zu unterscheiden.[37] Dieses Eingehen auf "Veranlagung und Fassungskraft" ist guter personenbezogener Führungsstil, und verringert keineswegs die Autorität des Führenden.

33 Vor allem darf er nicht über das Heil der ihm anvertrauten Seelen hinwegsehen oder es geringschätzen und seine Hauptsorge den vergänglichen, irdischen und hinfälligen Dingen zuwenden.[38]

33 betont die Zielpriorität von dauernden vor vergänglichen Dingen.

Dies könnte auch auf eine rein humanistische Gesellschaftsordnung übertragen werden; dort wäre die Hauptsorge die der Menschlichkeit gegenüber der Mehrung von materiellem Wohlstand oder von Macht.

Auf rein betriebswirtschaftlicher Ebene entspräche dies der Forderung, die langfristige Sicherung des Bestandes der Unternehmung vor kurzfristige Gewinnmaximierung zu stellen.

34 Vielmehr soll er immer daran denken, daß er die Leitung von Seelen übernommen hat, für die er einst Rechenschaft ablegen muß.

34 betont die Verantwortung jedes 'Chefs' für die ihm anvertrauten Menschen; nicht nur für die wirtschaftlichen Belange.

35 Das vielleicht geringe Klostervermögen soll ihn nicht beunruhigen; er denke an das Schriftwort: Sucht zuerst das Reich Gottes und seine Gerechtigkeit; dann wird euch alles andere dazugegeben. 36 Und das andere Wort: Wer den Herrn fürchtet, leidet keine Not.

35-36 Basis ist hier unbedingtes Gottvertrauen mit Relativierung (nicht Vernachlässigung) der übrigen Probleme. Die zitierte Schriftstelle (Mt. 6, 32-34) könnte[39] als Absage an menschliches Planen mißverstanden werden.

Solches Gottvertrauen führt zum Wegfall von Angst und Leistungsdruck und erleichtert, bzw. ermöglicht ein unbefangenes Planen und Arbeiten.

Angst dagegen blockiert!

Offen bleibt die Frage, ob sich eine ähnliche Haltung auch aus einem reinen Humanismus ableiten liesse?

37 Er soll wissen: Wer die Leitung von Seelen übernimmt, muß sich zur Rechenschaft bereithalten. 38 Er sei fest davon überzeugt: Am Tag des Gerichts muß er dem Herrn Rechenschaft ablegen über die Seelen aller Brüder, die er unter seiner Obhut weiß, dazu natürlich auch über seine eigene Seele.[40] 39 Wenn er so immer in Furcht vor der Untersuchung lebt, die er als Hirt über die ihm anvertrauten Schafe zu gewärtigen hat, dann wird die Verantwortung, die er für andere trägt, ihn veranlassen, auf sich selbst achtzugeben.[41]

40 Und indem er durch seine Mahnungen anderen zur Besserung verhilft, läutert er sich selbst von den eigenen Fehlern.

40 Wenn dies offen und ehrlich geschieht, hilft es, eigene Fehler von der anderen Seite zu sehen und damit einen 'blinden Fleck' zu vermeiden. Auch wer leitet, ist deshalb nicht fehlerfrei[42] und muß dauernd an sich arbeiten.

3 Die Berufung der Brüder zum Rat

Schwerpunkt ist die Entscheidungsfindung in der Gemeinschaft.

Obwohl BENEDIKT die Entscheidung durch den verantwortlichen Leiter einer Abstimmung vorzieht, legt er doch größten Wert auf die Mitwirkung (Mitberatung) aller, auch der jüngsten Mitglieder.
Bei minderwichtigen Dingen sieht er, aus Effizienzgründen, einen eingeschränkten Kreis erfahrener Berater vor.

1 Sooft es sich im Kloster um eine wichtige Angelegenheit handelt, soll der Abt die ganze Klostergemeinde zusammenrufen und selbst die Angelegenheit vortragen.

1 Daß "zur Beratung alle gerufen werden", ist eine sehr deutliche Absage gegen eine Formalautorität.

2 Er soll den Rat der Brüder anhören, dann die Sache bei sich überlegen und das tun, was er für richtig hält.

2 Doch liegt die endgültige Entscheidung, nach reiflicher Überlegung, dann beim Abt.

3 Daß zur Beratung alle gerufen werden, bestimmen wir deshalb,

weil der Herr oft einem Jüngeren offenbart, was das Bessere ist.

3 BENEDIKT rechnet damit, daß der Vorgesetzte nicht alles besser weiß. Dies gilt auch für 'weltliches' Management; es setzt große Reife beider Seiten voraus![43] Wenn diese Haltung in einer Gemeinschaft gelingt, verliert das Generationsproblem viel an Schärfe.
Wichtige Entscheidungen müssen, wegen ihrer Auswirkungen, von allen Brüdern mitgetragen werden können.[44] Dies motiviert auch mehr bei der Ausführung.
Damit beugt BENEDIKT dem Problem vor: 'Entscheiden tun ja doch nur die Oberen.' Dieses 'Ohnmachtsgefühl' tritt häufig in der repräsentativen Demokratie oder in Betrieben auf.[45]
In kleineren Gruppen bis zu ca. 100 Personen ist solcher persönlich und diszipliniert[46] vorgebrachter Rat möglich und als vertrauensbildend wünschenswert.
Bei größeren Gruppen (vgl. Kap. 21) ist oft kein persönliches Kennen mehr möglich; die Folge ist die Notwendigkeit einer tieferen Organisationsstruktur[47] und damit die Gefahr der Entstehung eines 'Formalapparates', einer 'Bürokratie der Leitung'.

4 Doch sollen die Brüder ihren Rat demütig und bescheiden geben und sich nicht herausnehmen, ihre Meinung hartnäckig zu verteidigen.

4 Eine christliche Gemeinde[48] ist kein Ort für auch nur verbale 'Machtausübung' ("hartnäckig verteidigen"), oder um jemanden zu 'überfahren'.

5 Die Entscheidung liegt vielmehr beim Abt. Was er für heilsamer hält, das sollen alle gehorsam annehmen.

5 Vgl. 3,2. Dies ist bei rein demokratischer Entscheidungsfindung[49] nicht aktuell, jedoch zu bedenken bei anderen 'hierarchischen' Organisationsformen, wie z.B. in einem Betrieb.

6 Aber wie es sich für den Jünger schickt, dem Meister zu gehorchen, so ist es die Pflicht des Abtes, alles umsichtig und gerecht anzuordnen.

5-6 Nicht was dem 'Chef' mehr liegt, sondern was er für 'heilsamer' für die gesamte Gemeinschaft hält, soll er anordnen und dabei "umsichtig und gerecht"[50] vorgehen. Er soll also die Übersicht bewahren.

5 und 6 bilden eine Einheit. Gehorsam kann nur geleistet werden,[51] wenn die natürliche Autorität "umsichtig und gerecht" überzeugt.

Das sind 'Leitsätze für Führungskräfte'; einem solchen Vorgesetzten kann man vertrauen.

7 Alle sollen daher in allem der Weisung der Regel folgen, und niemand darf leichtfertig von ihr abweichen. 8 Niemand im Kloster soll dem Begehren des eigenen Herzens folgen, 9 und niemand darf sich herausnehmen, mit seinem Abt frech oder außerhalb des Klosters zu streiten.

7-8 spricht vom Anerkennen der selbst gewählten[52] Grenzen der Regel der Gemeinschaft.
Diese ist nicht drückend, da sie nicht aufgezwungen wurde, auch wenn die geforderte Disziplin Probleme mit dem 'inneren Schweinehund' bringt.

Dies ist eine ganz andere Haltung als die gegenüber Gesetzen, die ich mir nicht ausgesucht habe.
Die Regel gilt aber nicht nur für die Untergebenen, sondern auch und gerade für den 'Chef'.[53]

9 Es ist bei bestehender Vertrauensbasis meist nicht sinnvoll, Meinungsverschiedenheiten einer Gemeinschaft 'nach außen' zu tragen, also "außerhalb des Klosters zu streiten"; nicht weil diese so geheim bleiben sollten[54], sondern weil Außenstehenden wesentliche Informationen zur Beurteilung der Gesamtsituation[55] fehlen, und damit, ohne Verschulden, unter Umständen falsch beraten würde.
Muß eine solche Meinungsverschiedenheit doch von einem Dritten als neutralem Berater entschieden werden, so müssen diesem alle, auch unangenehmen, Informationen zugänglich gemacht werden. Der Berater soll dann nicht vorschnell, sondern erst nach genauer, verantworteter Prüfung raten oder entscheiden.

Die Tätigkeit eines 'externen Beraters' erfordert viel Verantwortungsbewußtsein, Fingerspitzengefühl und Achtung vor den Beratenen, bzw. Betroffenen, sowie deren Vertrauen, soll sie nicht eher Schaden stiften.[56]
Wie positiv könnte diese Beratung im Sinne BENEDIKT's sein.

10 Wenn jemand sich das herausnimmt, verfalle er der in der Regel festgesetzten Strafe. 11 Der Abt jedoch handle immer in Gottesfurcht und nach der Vorschrift der Regel. Er soll wissen, daß er ohne jeden Zweifel vor Gott, dem gerechten Richter, über alle seine Entscheidungen Rechenschaft ablegen muß. 12 Handelt es sich um weniger wichtige Angelegenheiten des Klosters, so ziehe er nur die Älteren zu Rate; 13 es steht ja geschrieben: Tu alles mit Rat, dann brauchst du nach der Tat nichts zu bereuen.

12-13 Ein eingeschränktes 'Leitungsteam' ist aus Energie- und Zeitökonomie für Routineentscheidungen sinnvoll.
Es darf aber die Gemeinschaft nicht bevormunden; es soll ihr dienen und sie von Routineentscheidungen entlasten.

4 Die Instrumente der guten Werke

Ausgehend von den christlichen Grundgeboten, der Gottes- und Nächstenliebe, stellt BENEDIKT eine Liste von Einzelhaltungen auf, in denen sich die beiden Grundgebote konkretisieren. Es fällt dabei auf, daß neben Zitaten aus den 'zehn Geboten' und spirituellen Haltungen die praktische Zuwendung zu sich selbst und zum anderen Menschen einen hohen Rang einnimmt.

1 Zuerst: den Herrn, Gott, lieben von ganzem Herzen und ganzer Seele und mit ganzer Kraft.
2 Zweitens: den Nächsten lieben wie sich selbst.

1-2 Dies sind christliche 'Grundhaltungen'. Darauf basieren 'Einzelhaltungen', die sich aber gegenüber den Grundhaltungen nicht verselbständigen[57] dürfen.

3 Dann: nicht töten.
4 Nicht ehebrechen.
5 Nicht stehlen.
6 Nicht begehren.
7 Kein falsches Zeugnis geben.
8 Alle Menschen ehren.

8 "Alle Menschen ehren" ist eine Absage an jeden Chauvinismus und entspricht ganz dem Geist der UNO-Charta.

9 Keinem anderen etwas antun, was man selbst nicht erleiden möchte.

9 Das ist die Negativformulierung von 'Liebe deinen Nächsten wie dich selbst!'

10 Sich selbst verleugnen, um Christus nachzufolgen.
11 Den Leib in Zucht halten.
12 Nicht das suchen, was den Sinnen schmeichelt.

12 entspricht in der Psychologie FREUD's der Forderung, sich nicht vom ES treiben zu lassen.[58]

13 Das Fasten lieben.
14 Den Armen zu essen geben.
15 Die Nackten bekleiden.
16 Die Kranken besuchen.
17 Die Toten begraben.
18 Denen, die in Not sind, zu Hilfe kommen.
19 Die Trauernden trösten.

19 Nicht 'wegschauen' sondern ehrlich Anteil nehmen.

20 Sich fernhalten vom Treiben der Welt.

20 Das kann in einem Zeitalter des Umbruchs, wie es das 6. Jhd. war, wie es aber auch für die Gegenwart gilt, eine 'Überlebensstrategie' sein. Sie vermeidet ein Untergehen im Chaos der Umwelt, birgt jedoch die Gefahr der Isolation und des 'traditionalistischen Einigelns' in sich.

Diese Forderung wäre auch so zu verstehen: Nicht jede Mode mitmachen und (auch in der Gemeinschaft) seinen eigenen verantworteten Weg gehen.[59]

21 Der Liebe zu Christus nichts vorziehen.

22 Sich nicht zu Taten des Zornes hinreißen lassen.

23 Nicht im Groll verharren.

23 Konflikte frisch bereinigen![60] Dann weiß man noch, um was es ging, und hat noch nicht die Person des jeweiligen Gegners mit Projektionen eigener Aggression belastet, für die dieser wirklich nichts kann.

24 Keine Falschheit im Herzen tragen.

24 Nicht mit verdeckten Motiven arbeiten und anderen etwas vorspielen, um eigene (unausgesprochene) Interessen zu befriedigen!

25 Nicht heuchlerisch Frieden bieten.

25 Diese Haltung ist höchst unfair, da sie schon beim Friedensschluß wieder betrügt. Sie wird aber fallweise (ungewollt?) durch 'sanften Druck' von 'Friedensstiftern' erzwungen. Auch in einem Konflikt soll der andere wissen, daß noch Probleme bestehen.

26 Von der Liebe nicht lassen.

27 Nicht schwören, um nicht falsch zu schwören.

27 In einer Gemeinschaft, in der man einander vertraut, bedarf ein JA/NEIN keiner Verstärkung. Bedarf es einer formalen Verstärkung, dann ist dies ein Zeichen für mangelndes Vertrauen; dann liegt aber auch die Versuchung nahe, "falsch zu schwören".

28 Die Wahrheit mit Herz und Mund bekennen.

28 Worte und Haltung müssen übereinstimmen, um glaubhaft Zeugnis zu geben.

29 Nicht Böses mit Bösem vergelten.

30 Niemand Unrecht tun, aber auch erlittenes Unrecht geduldig tragen.

31 Die Feinde lieben.

32 Wenn jemand uns flucht, nicht mit Fluch antworten, sondern vielmehr mit Segen.

29-32 Damit wird der Teufelskreis sich gegenseitig aufschaukelnder

Aggression[61] unterbrochen. Es ist viel leichter, Aggression aufzuschaukeln, als bestehende Aggressionen wieder auf das zugrundeliegende Problem zurückzuführen.

33 Verfolgung leiden um der Gerechtigkeit willen.
34 Nicht stolz sein.

34 "Nicht stolz sein" bedeutet, sich nicht selbst zum Maß aller Dinge machen, sich nicht 'zu gut vorzukommen'. Stolz verstärkt eigene 'blinde Flecken' und erhöht die Angst, durchschaut zu werden. Er ist eine wesentliche Konfliktquelle und die Gegenhaltung zu echter Demut.[62]

35 Kein Trinker und
36 kein großer Esser sein.
37 Nicht dem Schlaf ergeben,
38 kein Faulenzer.

35-38 Nicht triebgesteuert (ES) leben.[63]

39 kein Murrer.

39 "Murren" vergiftet die Atmosphäre und liefert keinen positiven Beitrag zur Problemlösung.

Besser ist es, Probleme explizit aufzuzeigen und Lösungen zu suchen; bzw. als nicht behebbar erkannte Belastungen durch positive Zurkenntnisnahme (vgl. die 'Trauerarbeit' bei FREUD) zu bewältigen. BENEDIKT ist das Nicht-Murren sehr wichtig.[64]

40 kein Ehrabschneider sein.
41 Seine Hoffnung auf Gott setzen.
42 Wenn man etwas Gutes an sich sieht, es Gott zuschreiben, nicht sich selbst;
43 das Böse dagegen immer als sein eigenes Werk erkennen und sich selbst zuschreiben.
44 Den Tag des Gerichtes fürchten.

44 Man soll sein Leben als ganzes verantworten können.

45 Vor der Hölle zittern.

43-45 Diese negativ furchtgesteuerte Haltung kann, mit gleicher Zielsetzung, durch eine positive Motivation, die auf der Liebe Gottes und nicht auf Angst aufbaut, ersetzt werden.

46 Mit der ganzen Begierde des Geistes nach dem ewigen Leben verlangen.

46 Das könnte als Mißachtung des irdischen Lebens, mit 'Vertröstung auf ein besseres Jenseits' mißverstanden werden. Ich glaube aber, daß das jetzige (irdische) und das endgültige Leben nicht getrennt gesehen werden dürfen. Eine echte christliche Grundhaltung muß sich, als Voraussetzung für das er-

wartete endgültige Leben, schon hier und jetzt bewähren.

47 Den drohenden Tod sich täglich vor Augen halten.

47 fordert auf, mit der Endlichkeit, der Begrenztheit des Lebens zu rechnen, seine Zeit nicht zu vertun; sich nicht 'leben lassen', sondern selbst zu leben! Sicherlich ist hier keine dauernde Blockierung aus Todesangst gemeint.

48 Sein Tun und Lassen ständig überwachen.

48 Verantwortungsbewußt leben!

49 Davon überzeugt sein, daß Gott an jedem Ort auf uns schaut.

49 Dieser Satz könnte[65] mißverstanden werden: 'Gott als Superpolizist oder Übervater'.
Ich sehe darin eher eine Haltung des Grundvertrauens im Sinn von Ps. 139, 7. Dort überwiegt die mütterliche Sorge gegenüber dem strengen 'Richter-Vater'. Gegenüber dem strengen (absolut gerechten) Richter hat kein Mensch eine Chance, wohl aber bei seiner Gnade.[66] Diese positive Sicht der Allwissenheit Gottes wird in 4, 74: "An Gottes Barmherzigkeit nie verzweifeln", bestärkt.

50 Böse Gedanken, die im Herzen aufsteigen, sogleich an Christus zerschmettern und dem geistlichen Vater offenbaren.

50 Es ist sehr leicht, sich in negativen Gedanken zu verfangen.
Dann kann ein vertrauensvolles Gespräch mit einem Berater eine wichtige Hilfe sein.

51 Schlechtes und unanständiges Reden vermeiden.
52 Das viele Reden nicht lieben.

52 Nicht leer 'daherquatschen', um nicht denken zu müssen! Schweigen kann leer sein, kann (soll) aber auch Nachdenken und eine Stellungnahme zu sich selbst sowie Kreativität anregen.
Leeres Reden, 'small Talk', bedeutet oft Ablenkung oder Verdrängung,[67] kann aber auch am Beginn eines Gespräches mit einem Unbekannten helfen, die anfängliche Fremdheit abzubauen.
Wenig Reden heißt nicht: sich zurückziehen, keine Stellung nehmen wollen; sondern viel eher: den anderen im Gespräch ernst nehmen, ihm zuhören können, ihn nicht mit einem Redeschwall 'überfahren'.

53 Leere und zum Lachen reizende Worte nicht reden.
54 Lautes und schallendes Lachen nicht lieben.

54 Niemand verletzend auslachen; nicht nur oberflächliche Fröhlichkeit ('Blödsinn treiben')!

Diese Forderung ist aber kein Gegensatz zu Freude bzw. Heiterkeit im guten Sinne.

55 Die heiligen Lesungen gern hören.
56 Sich oft zum Gebet niederwerfen.

56 Gott als den 'unbedingt Größeren' anzuerkennen, erleichtert das Freiwerden vom 'Übervater', da das Konkurrenzmotiv wegfällt.[68]

57 Seine früheren Sünden unter Tränen und Seufzen täglich im Gebet Gott bekennen.

57 Täglich 'Bilanz machen' ist günstig, um nicht langfristig in Fehlhaltungen hineinzuschlittern.

58 Diese Sünden in Zukunft meiden.

57-58 Das Erkennen von Fehlern muß zur Verhaltensänderung führen; sonst erfolgt keine echte Umkehr.

59 Das Begehren des Fleisches nicht befriedigen.

59 Diese Forderung kann als eine Absage an die Promiskuität interpretiert werden. Es wäre zu überlegen, wie 'Familienklöster' mit Ehepaaren und Kindern bzw. Kommunen (ohne Partnertausch) gelebt werden können.[69] Doch sind hier noch schwierige Fragen, wie die der 'Mischehen', bei denen nur ein Partner sich integrieren will, sowie die der Kindererziehung zu überlegen.[70]

60 Den Eigenwillen hassen.

60 Das kann als Absage an einen die Gemeinschaft schädigenden Egoismus gedeutet werden.

61 Dem Befehl des Abtes in allem gehorchen, auch wenn er selbst, was Gott verhüte, anders handelt; man denke an das Gebot des Herrn: Was sie sagen tut; was sie tun, das tut nicht.

61 BENEDIKT nimmt hier an, daß die Befehle auch eines sonst fehlerhaften Abtes sicher richtig seien. Ist das nicht zu viel verlangt? Dann wäre der Abt ja unfehlbar, bzw. menschlich überfordert.
BENEDIKT sieht[71] den Abt zu sehr als Stellvertreter Christi.
Wäre es nicht besser, dieses Gehorsamsgebot zu relativieren, wenn offensichtlich Falsches oder Sündhaftes befohlen wird?[72] Im Regelfall soll aber ein derartiger Gehorsamsdienst gelten; die Alternative wäre eine gemeinschaftsauflösende Anarchie![73]

62 Nicht heilig genannt werden wollen, bevor man es ist; sondern es zuerst sein, um mit mehr Recht so genannt zu werden.

62 Sich nicht 'zu gut vorkommen'![74] Die Überheblichkeit, "heilig genannt" zu werden, ist dem Stolz nahe verwandt.[75]

Vollkommenheit (Heiligkeit) hat es nicht notwendig, von anderen bestätigt zu werden. Hat man das notwendig ('fishing for compliments'), dann ist das eher ein Schwächezeichen.

63 Gottes Gebote täglich durch die Tat erfüllen.
64 Die Keuschheit lieben.
65 Niemand hassen.
66 Nicht eifersüchtig sein.
67 Nicht aus Neid handeln.
68 Den Streit nicht lieben.
69 Die Überheblichkeit fliehen.

66-69 Eine Gemeinschaft, die sich ganz am unbedingt größeren Gott orientiert, sollte Differenzierungen,[76] die zu Neid oder Eifersucht führen, als völlig unwichtig ansehen. Eifersucht, als Verletzung des Selbstwertgefühls, ist aus Minderwertigkeitsgefühlen aggressiv.

Neid ist durch ein Gefühl der Geringschätzung durch andere bedingt. Beides ist in dem Gefühl: 'Ich werde zuwenig geliebt' begründet.

Dies führt zur Tendenz der Selbstbestätigung durch Positionskampf oder zur Überheblichkeit (4, 69).

Wer sich wirklich auf die Liebe Gottes verläßt, hat beides nicht notwendig. Aber welcher Mensch kommt je so weit?

70 Die Älteren ehren.
71 Die Jüngeren lieben.

70-71 vermeidet Generationskonflikte in der Gemeinschaft.

Interessant ist die Differenzierung "ehren... lieben", vielleicht aus der Einschätzung der verschiedenen persönlichen Reife der Jungen und Alten.

72 Aus der Liebe zu Christus für die Feinde beten.
73 Hat man sich mit jemand entzweit, noch vor Sonnenuntergang wieder Frieden schließen.

73 Vgl. die Bemerkungen zu 4, 23.

74 Und an Gottes Barmherzigkeit nie verzweifeln.

74 Da grundsätzlich unvollkommene Menschen nie allen diesen Anforderungen gerecht werden können[77], hilft dieses Gottvertrauen dazu, sich nicht aufzugeben.

75 Seht, das sind die Werke der geistlichen Kunst.
76 Wenn wir Tag und Nacht unermüdlich mit ihnen arbeiten und sie am Tag des Gerichts wieder abgeben, wird der Herr uns den Lohn ausbezahlen, den er selbst versprochen hat: 77 Kein Auge hat gesehen und kein Ohr

gehört, was Gott denen bereitet hat, die ihn lieben.

78 Die Werkstatt aber, in der wir das alles gewissenhaft ausführen, ist die Abgeschlossenheit des Klosters und das Ausharren in der Gemeinschaft.

78 Das "Ausharren in der Gemeinschaft" wird als Hilfe und Ort des Lebensvollzuges[78] verstanden. Darin ist auch der Gedanke der stabilen Beziehungen[79] untereinander enthalten.

Die Bedeutung der "Abgeschlossenheit" sollte differenziert gesehen werden. Einerseits hält eine geschlossene Gruppe fester zusammen; sie ist dadurch aber für andere kaum zugänglich und wirkt nach außen abweisend oder feindlich. Sie fördert das Denken:

'Wir und die anderen', und birgt damit die Gefahr eines Gruppenchauvinismus mit dem Entstehen von Feindbildern (einerseits die 'Welt', andererseits 'hinter Klostermauern').

Andererseits bietet eine abgeschlossene Gemeinschaft solange Halt für den einzelnen, bis er reif genug ist, nach außen zu gehen.[80]

Hier wäre zu relativieren, das rechte Maß zu finden, zwischen 'geistiger Heimat' und 'Sendungsauftrag', bzw. eine Synthese beider herzustellen.[81]

5 Der Gehorsam

Der Gehorsam aus freiwillig und bewußt übernommener Verpflichtung ist deutlich vom 'unfreien Gehorsam', der Sklaverei, zu unterscheiden. Man sollte die Gehorsamsverpflichtung gemeinsam mit den Anforderungen an den Abt sehen.[82] Wenn der Beste zum Abt gewählt wird, ist dieser Gehorsam, ergänzt durch den Dienst des Abtes an "der Eigenart vieler",[83] kaum belastend. Dann spielt der Machtaspekt keine wesentliche Rolle und der Dienst der Koordination bzw. Leitung ist gleichwertig nur einer unter vielen.

1 Die höchste Stufe der Demut ist der Gehorsam ohne Zögern. 2 Er zeichnet die aus, denen die Liebe zu Christus über alles geht.

1-2 (und 5, 7-9, 5, 15) Nur aus völligem Vertrauen und aus "Liebe zu Christus" ist solcher Gehorsam verantwortbar, ohne in 'hündischen' automatisch willenlosen Gehorsam abzugleiten.[84]
Nur dann ist, im Bewußtsein der freien Übernahme dieser Verpflichtung, dieser Gehorsam ohne "Murren in guter Gesinnung" und nicht zähneknirschend vollziehbar.[85]

Wenn auch dem Abt gehorcht wird, ist er doch nur der Mittler; eigentlich wird dieser Gehorsam

Gott geleistet. Dieser Gehorsam setzt hohes Vertrauen in einen fast übermenschlichen Leiter voraus und kann so nur unter idealen Voraussetzungen beider Partner gelingen.[86]

3 Wegen des heiligen Dienstes, den sie gelobt haben, oder aus Furcht vor der Hölle oder wegen der Herrlichkeit des ewigen Lebens 4 gibt es für sie kein Zögern, sobald der Obere etwas befohlen hat; sie führen es aus, als hätte Gott selbst es befohlen.

3 Hier werden drei ganz verschiedene Motivationen gleichzeitig genannt:
- freie Entscheidung,
- Furcht vor der Hölle und
- Herrlichkeit des ewigen Lebens,

die an ganz verschiedenen Persönlichkeitsebenen ansetzen.
Ich würde das Motiv der freien Entscheidung, begründet in der je größeren Liebe Gottes, am höchsten einreihen.
Konnte sich BENEDIKT hier nicht entscheiden, war er von geistigen Strömungen seiner Zeit zu sehr beeinflußt, oder wollte er bewußt mehrere mögliche Motive zum gleichen Ziel nebeneinander stellen?
Hier wäre[87] zu überlegen, inwieweit ein bewußtes Motiv zugleich von unbewußten (ev. verdrängten) Motiven begleitet wird, die durchaus zueinander im Widerspruch stehen können.[88] Derartige Überlegungen können die Schuldfrage bzw. das Entscheidungsproblem[89] ganz wesentlich beeinflussen.

5 Von diesen sagt der Herr: Sobald er mich hört, gehorcht er mir. 6 Ebenso sagt er zu den Lehrern: Wer euch hört, der hört mich. 7 Solche [Mönche] verlassen auf der Stelle ihre persönlichen Interessen, geben den Eigenwillen auf, 8 legen gleich alles aus der Hand, lassen ihre Arbeit unvollendet liegen und folgen mit dem raschen Schritt des Gehorsams durch die Tat dem Wort des Befehlenden.

9 Wie in einem einzigen Augenblick vollzieht sich in der Schnelligkeit der Gottesfurcht beides gleich rasch: der ergangene Befehl des Meisters und die ausgeführte Tat des Jüngers.

10 So ist es bei denen, die vom Verlangen gedrängt sind, zum ewigen Leben voranzuschreiten. 11 Deshalb entscheiden sie sich mutig für den schmalen Weg, von dem der Herr sagt: Schmal ist der Weg, der zum Leben führt. 12 Sie leben nicht nach eigenem Gutdünken, gehorchen nicht ihrer Lust und Laune,[90] sondern folgen dem Entscheid und Befehl eines anderen; sie bleiben im Kloster

und verlangen danach, daß ein Abt ihnen vorsteht.

12 Man muß in einer Gemeinschaft auch Aufgaben übernehmen, die man sich nicht ausgesucht hat.[91]

13 Offenbar sind sie es, die den Herrn nachahmen und sich nach seinem Wort richten: Ich bin nicht gekommen, um meinen Willen zu tun, sondern den Willen dessen, der mich gesandt hat.
14 Dieser Gehorsam ist aber nur dann Gott wohlgefällig und den Menschen angenehm, wenn der Befehl nicht zaghaft, nicht säumig, nicht lustlos oder gar mit Murren oder offener Widerrede ausgeführt wird; 15 denn der Gehorsam, den man den Oberen leistet, wird Gott erwiesen; er hat ja gesagt: Wer euch hört, der hört mich.
16 Und er muß von den Jüngern in guter Gesinnung ge-leistet werden; denn Gott liebt ei-nen freudigen Geber. 17 Wenn nämlich der Jünger in böser Gesinnung gehorcht und nicht nur mit dem Mund, sondern auch nur im Herzen murrt, 18 findet er, auch wenn er den Befehl ausführt, doch kein Gefallen vor Gott, der sein Herz murren sieht.
19 Für ein solches Tun bekommt er keine Anerkennung; er verfällt im Gegenteil der Strafe der Murrer, wenn er nicht Genugtuung leistet und sich bessert.

16-19 Nur in "guter Gesinnung", da freiwillig übernommen, und innerlich bejaht ist dieser Gehorsam sinnvoll. Es geht nicht nur um die äußere Durchführung (zu dieser kann man jeden[92] zwingen) sondern um die innere Haltung.
Wieweit heutige Unterdrückungsmethoden (wie in '1984') oder eine 'Gehirnwäsche' auch diese innere Haltung manipulieren können, müßte noch überlegt werden.
Gehorsam unter innerem Widerstand, "Murren" zerstört die Motivation, die Person, die sich 'geknechtet' fühlt, und belastet die Gemeinde.

6 Die Schweigsamkeit

Angesichts des heutigen Mißbrauchs der Sprache zur Manipulation oder als leeres Gewäsch, sollte der Wert der Schweigsamkeit neu überdacht werden. Dann könnten 'wenige aber überdachte Worte zur rechten Zeit' wieder mehr Gewicht bekommen!

1 Wir wollen tun, was der Prophet sagt: Ich sagte: Ich will auf meine Wege achten, damit ich nicht sündige mit meiner Zunge. Ich stellte an meinen Mund eine

Wache. Ich verstummte, verdemütigte mich und schwieg vom Guten. 2 Hier gibt der Prophet zu verstehen, daß man der Schweigsamkeit zuliebe bisweilen sogar von guter Rede lassen soll; um so mehr muß man dann wegen der Sündenstrafe das böse Reden vermeiden.

1-2 Schweigsamkeit[93] rangiert hier sogar vor dem Reden vom Guten, allerdings relativiert durch den Zusatz "bisweilen". Auch Gutes kann zerredet werden. Man muß auch beim Reden vom Guten darauf achten, ob dies der psychischen Situation des Partners entspricht, und ihr gerecht wird.[94]
Auch ein 'richtiges' Argumentieren kann den anderen überfahren, kann ihn nicht selbst lernen, erfahren lassen und "betrübt" ihn dadurch. Etwa in dem Sinne:
'Der... hat ja schon alles gesagt, was kann ich da noch sagen?'
Hier ist Zuhörenkönnen oft viel mehr!

3 Deshalb soll wegen der Gewichtigkeit der Schweigsamkeit selbst vollkommenen Jüngern nur selten die Erlaubnis zum Reden gegeben werden, mag es sich um noch so gute, heilige und erbauliche Gespräche handeln. 4 Es steht ja geschrieben: Bei vielem Reden entgehst du der Sünde nicht. 5 Und an anderer Stelle: Tod und Leben sind in der Gewalt der Zunge.

4-5 Die Versuchung liegt nahe, solange durch Herumreden zu 'rationalisieren', bis man damit eine Ausrede für sein Handeln, für sein 'schlechtes Gewissen' gefunden hat.

6 Denn Reden und Lehren kommt dem Meister zu, Schweigen und Hören ist Sache des Jüngers.

6 Hier wird ein zu einseitiges Lehrer-Schüler-Verhältnis vorausgesetzt. Es sollte durch ein Modell ergänzt werden, in dem der Schüler unter der Anleitung des Lehrers selbst Erfahrungen gewinnt.
7,56-60 scheint mir ausgewogener als Kap. 6.

7 Wenn also jemand etwas vom Oberen zu erfragen hat, so tue er es in aller Demut und ehrfürchtiger Unterwerfung. 8 Leichtfertige Späße aber, albernes und zum Lachen reizendes Geschwätz verbannen und verdammen wir für immer und überall und erlauben nicht, daß der Jünger zu derlei Reden den Mund öffnet.

7 Die Demut

Demut, ein heute oft mißverstandenes Wort, hat nichts mit Kriecherei zu tun. Sie kann eine höchst aktive Haltung sein, die die eigene Person nicht zu wichtig nimmt, und damit frei wird zum Dienst an der gemeinsamen Sache, zu dem man sich aus freiem Willen entschieden hat. Demut[95] ist eine aktive Haltung; Versklavung, Erniedrigung eine passive.

1 Brüder, die göttliche Schrift ruft uns zu: Jeder, der sich erhöht, wird erniedrigt, und wer sich erniedrigt, wird erhöht werden.
2 Mit diesen Worten zeigt uns die Schrift, daß jede Erhöhung eine Art Stolz ist.

1-2 Die zentrale Aussage ist: sich selbst nicht als Maß, sich selbst nicht zu wichtig nehmen. Tue ich das, so setze ich mich Gott gleich (mache mich selbst zum Götzen), oder ich nehme ihn nicht ernst.[96]

3 Davor hütet sich der Prophet, wie seine Worte zeigen: Herr, mein Herz ist nicht stolz, meine Augen blicken nicht überheblich. Ich habe keine großartigen Pläne und befasse mich nicht mit Dingen, die mir zu hoch und zu wunderbar sind.

3 Vgl. Ps. 131,1 oder "meine Wege sind nicht eure Wege und meine Gedanken sind nicht eure Gedanken...." Ich muß die prinzipielle Überlegenheit Gottes, ohne Murren anerkennen.[97]

4 Aber was geschieht, wenn meine innere Haltung nicht demütig ist, wenn ich meine Seele stolz werden lasse? Dann behandelst du meine Seele, wie man ein Kind behandelt, das man [gewaltsam] von der Mutterbrust wegnimmt.

5 Brüder, wenn wir den höchsten Gipfel der Erniedrigung erreichen und rasch zu dieser Erhöhung im Himmel gelangen wollen, zu der man durch die Erniedrigung in diesem Leben aufsteigt, 6 dann müssen wir durch unseren Aufstieg in der Tugend jene Leiter errichten, die dem Jakob im Traum erschien und auf der er Engel herab- und hinaufsteigen sah.

5 Verglichen mit Gott ist jedes Geschöpf 'dem Boden nahe' (humilis). Das schließt jede Berechtigung aus, andere zu erniedrigen. Damit würde sich[98] der Mensch auf eine Stufe mit Gott stellen.

7 Dieses Herab- und Hinaufsteigen hat für uns ganz sicher keinen anderen Sinn, als daß man durch Erhöhung herab- und durch Erniedrigung hinaufsteigt.

8 Die aufgerichtete Leiter ist unser irdisches Leben, das der Herr himmelwärts aufrichtet, wenn sich unser Herz erniedrigt.

8 Jeder Reifungsprozeß kennt in seinem Verlauf Fortschritte und Rückschläge.

9 Die Holme der Leiter deuten wir auf unseren Leib und unsere Seele. In diese Holme hat der göttliche [Gnaden-] Ruf die verschiedenen Stufen der Demut und der Tugend eingefügt, die wir ersteigen sollen.

10 Auf der ersten Stufe der Demut stellt sich der Mensch immer die Gottesfurcht vor Augen und flieht gar sehr das Vergessen.

10 Gottesfurcht: Ehrfurcht (nicht Angst) vor dem unendlichen, alles umfassenden, grundsätzlich nicht begreifbaren ('in den Griff bekommbaren') Gott. Ehrfurcht hat als Basis mehr das Staunen, das frei macht. Angst[99] engt ein und macht handlungsunfähig.

Aus dieser Ehrfurcht heraus wird der Abstand des Geschöpfes (mit seinen Grenzen) zu Gott erst ertragbar, bejahbar. Diesen Abstand, von uns aus gesehen ein unüberschreitbarer Abgrund, können wir aus eigener Kraft nicht überwinden. Gott kann es, und nur seine liebende[100] Zuwendung kann eine Brücke schlagen. Wir haben keinen Rechtsanspruch darauf.
Motivation ist für mich eher diese Ehrfurcht; nicht aber die Höllenangst.[101]
"Flieht das Vergessen" ist ein Hinweis auf die letztliche Sinnlosigkeit jedes 'Verdrängens'.

11 Immer denkt er an alle Gebote Gottes, und immer erwägt er in seinem Herzen, wie das Feuer der Hölle der Gottesverächter wegen der Sünden brennt, daß aber auch das ewige Leben den Gottesfürchtigen bereitet ist.

12 Jederzeit soll sich der Mensch freihalten von Sünden und Fehlern, von Gedankensünden, von Sünden der Zunge, der Hände, der Füße und des Eigenwillens, aber auch von den Begierden des Fleisches, 13 und es soll ihm bewußt sein: Gott schaut immer vom Himmel her auf ihn herab, Gottes Auge sieht überall sein Tun und Lassen, und die Engel erstatten allezeit Meldung.

12 Zentrum all dieser Sünden ist der unbedingte Eigenwille (Das 'Ich' als alleiniges Maß). Diese extreme Gegenhaltung zur Demut ist die Grundhaltung jeder Sünde.
13 Ich muß mit der Allwissenheit Gottes rechnen,[102] aber nicht unter Haß und Aufbäumen.[103] Ein Gott, der diesen Namen verdient (kein

Dämon), hat solche aus neurotischen Projektionen stammenden Eigenschaften nicht nötig. Hier verlasse ich mich lieber auf das (mütterlich) liebevolle Interesse, das mir den letzten Schutz bietet; nicht aber seine Schöpfung (den Menschen nach seinem Bild!) entwürdigt.
Oder: Gott als reifer, von keinen neurotischen Zwängen gebundener Vater, der mich liebt; der mir aber meine Freiheit, auch die, das Böse zu tun, aus Achtung vor seinem Geschöpf nicht nimmt.[104]

14 Darauf weist der Prophet uns hin und zeigt, daß Gott in unseren Gedanken immer gegenwärtig ist; er sagt: Gott prüft Herz und Nieren. 15 Und: Der Herr kennt die Gedanken der Menschen. 16 Und er sagt auch: Du durchschaust meine Gedanken von fern. 17 Und: Das Denken des Menschen wird sich dir öffnen. 18 Um aber seine verkehrten Gedanken gewissenhaft zu überwachen, soll der taugliche Bruder in seinem Herzen immer das Wort wiederholen: Nur dann bin ich untadlig vor ihm, wenn ich mich in acht nehme vor meiner Bosheit.

18 Untadelig zu sein, dazu habe ich als Mensch keine Chance. Ich falle immer wieder auf alte und neue Schwächen (und Bosheiten) herein; will mich aber immer wieder "in acht nehmen" und die Chance der Wiederversöhnung wahrnehmen, die nie von mir sondern nur von einem liebenden Gott ausgehen kann.

19 Den eigenen Willen zu tun, verwehrt die Schrift, wenn sie uns sagt: Wende dich ab von den Regungen deines eigenen Willens! 20 Auch flehen wir zu Gott im Gebet, daß sein Wille in uns geschehe. 21 Mit gutem Grund werden wir also belehrt, nicht unseren eigenen Willen zu tun. So beachten wir die Mahnung der Heiligen Schrift: Es gibt Wege, die den Menschen recht erscheinen, die aber am Ende zur Tiefe der Hölle hinabführen.
22 Wir zittern auch vor dem Wort, das über die Nachlässigen gesagt ist: Verwerflich und abscheulich sind sie geworden, weil sie ihrem Willen gehorcht haben.

20-22 Wieder das Motiv: Gott als das letzte Maß; nicht ich!

Wie erkenne ich aber den Willen Gottes? Die 'Unterscheidung der Geister'[105] gibt Hinweise, aber keine letzte Sicherheit. Wie leicht kann ich mich, eventuell vom Unbewußten gesteuert, täuschen.

Hier kann ich nur hoffen, daß Gott nicht nur gerecht[106], sondern auch gnädig ist.[107]

BENEDIKT betont die 'Bosheit' zu stark. Der freie Wille des Menschen hat nicht nur die Tendenz zum Bösen! Hier wäre auch in jedem Fall (nur Gott kann dies letztlich tun) zu prüfen, wieweit ein Mensch in seinen Entscheidungen, zum Guten wie zum Bösen, wirklich frei ist; nur dann ist Schuld möglich.
Viele Verhaltensweisen sind teilweise genetisch[108] oder kulturell geprägt und damit nicht völlig frei wählbar.
Der Mensch ist kein unschuldiges Tier mehr, aber auch kein reiner Engel! Gott weiß, daß wir noch nicht vollkommen sind.

23 Daß uns Gott in den Begierden des Fleisches immer gegenwärtig ist, glauben wir, weil der Prophet zum Herrn sagt: All mein Begehren liegt offen vor dir.
24 Hüten wir uns also vor dem bösen Begehren; denn der Tod lauert an der Schwelle der Lust.
25 Deshalb gebietet die Schrift: Geh deinen Begierden nicht nach!

24-25 'Begierden als falsche Götzen' sind u.a.: Geld-Sucht, Macht-Sucht, Sex-Sucht, Freß-Sucht, Drogen-Sucht,...
"Der Tod lauert an der Schwelle der Lust." Jede dieser Süchte macht abhängig, willenlos und führt im Extremfall zum psychischen, wenn nicht physischen Tod.
Die Schwelle zur endgültigen Abhängigkeit kann sehr niedrig liegen; nach ihrem Überschreiten bleibt zunehmend kein Platz mehr für Gott und Mitmenschen, sondern nur mehr für das Suchtziel.

26 Es gilt somit: Die Augen des Herrn beobachten Gute und Böse; 27 der Herr schaut immer vom Himmel auf die Menschenkinder herab, um zu sehen, ob noch ein Verständiger da ist, der Gott sucht; 28 die Engel, die uns zugeteilt sind, melden dem Herrn täglich bei Tag und bei Nacht unser Tun und Lassen.

27 Positive Formulierungen motivieren viel stärker als Angst[109], die nur ein bestimmtes (systemkonformes) äußeres Verhalten erzwingt.
28 zeigt ein zu enges Gottesverständnis. Gott braucht in seiner Größe keine Mittler, keine Engel; sei es wie hier zum 'Bericht erstatten', sei es als Mittler beim Gebet.
Das ist ja gerade das Großartige aller monotheistischen Weltreligionen, daß sich der Mensch direkt und jederzeit an Gott wenden kann, ganz im Gegensatz zu irdischen 'Hierarchien', wo man von Vorzimmer zu Vorzimmer weitergereicht wird und eventuell nie den Gesuchten erreicht.[110]

29 Wir müssen also in jedem Augenblick auf der Hut sein, damit uns Gott nicht irgendeinmal, wie der Prophet im Psalm sagt, abtrünnig und verdorben sehen muß.

29 könnte negativ wie im Buch 'Gottesvergiftung'[111] gedeutet werden. Ein Gott, der auf einen "irgendeinmal" auftretenden Fehler wartet ('lauert'), ist für mich ein Dämon.
29 deutet aber auch die Größe und Gefahr der Freiheit an; ich muß mir der Verantwortung, die in dieser Freiheit liegt, immer bewußt sein.

30 Er soll nicht, weil er uns in seiner Güte jetzt schont und auf unsere Bekehrung und Besserung wartet, dereinst zu uns sagen müssen: Das hast du getan, und ich habe geschwiegen.

30 Diese verantwortete Freiheit braucht keine laufenden Eingriffe Gottes.

31 Auf der zweiten Stufe der Demut liebt der Mönch seinen eigenen Willen nicht und findet kein Gefallen daran, seine Wünsche zu erfüllen, 32 sondern richtet sich in seinem Tun nach dem Wort des Herrn, der sagt: Ich bin nicht gekommen, um meinen Willen zu tun, sondern den Willen dessen, der mich gesandt hat.

31-32 zeigt wieder das Grundmotiv: Wichtiger ist, was Gott mit mir vorhat; auch wenn das meinen momentanen Wünschen widerspricht. Ich habe ja auch viel weniger Übersicht über den übergeordneten Sinn meines Daseins, und muß das, nicht zähneknirschend (murrend), sondern in Ehrfurcht, anerkennen.

33 Ebenso heißt es in einer Schrift: Eigenwille bringt Strafe, Gebundenheit [an fremden Willen] erwirbt die Krone.
34 Auf der dritten Stufe der Demut unterwirft sich der Mönch seinem Oberen aus Liebe zu Gott in vollkommenem Gehorsam. So ahmt er den Herrn nach, von dem der Apostel sagt: Er war gehorsam bis zum Tod.

34 ist für mich so nicht nachvollziehbar. Der 'Obere' steht auf der gleichen Seinsstufe wie ich; Gott aber entscheidend darüber.
Wird hier eine Projektion im Sinne eines Stellvertreters Gottes gefordert?[112]

35 Auf der vierten Stufe der Demut übt der Mönch den Gehorsam in der Weise, daß er auch bei harten Aufträgen und bei solchen, die ihm zuwider sind, ja sogar bei jeglichem zugefügten Unrecht stillbleibt und bewußt die Geduld bewahrt.

35 "Auch bei harten Aufträgen... bewußt die Geduld bewahrt..." sagt ganz Ähnliches aus wie 5,17. In beiden Fällen kommt es wesentlich auf die innere Einstellung an.[113]
"Sogar bei jeglichem zugefügten Unrecht stillbleibt und bewußt die Geduld wahrt..." Wenn auch aus dem Evangelium[114] begründbar, ist es doch schwierig, bei erlittenem Unrecht Geduld zu bewahren.
Vielleicht sollt man das Unrecht, das einem selbst geschieht, nicht zu wichtig nehmen. Was ist das gemessen an einem eventuellen Plan Gottes? Dazu braucht es aber große Sicherheit aus Vertrauen und Glauben!
Bei Unrecht gegenüber einem anderen darf man aber nicht wegschauen, obwohl 69,1 dem, für mich nicht verständlich, widerspricht.

36 Er erträgt das alles, ohne sich entmutigen zu lassen oder wegzulaufen; denn er denkt an das Wort der Schrift: Wer bis zum Ende standhaft bleibt, der wird gerettet, 37 und das andere Wort: Hab festen Mut und ertrage den Herrn!

36 betont die Bedeutung der Selbstdisziplin, in Schwierigkeiten durchzuhalten und nicht gleich aufzugeben.

38 Um zu zeigen, daß der Getreue für den Herrn auch alles Widrige ertragen muß, legt die Schrift denen, die leiden, diese Worte in den Mund: Um deinetwillen werden wir hingemordet Tag für Tag und wie Schafe behandelt, die zum Schlachten bestimmt sind. 39 Weil sie aber zuversichtlich auf Gottes Vergeltung hoffen, fügen sie freudig die Worte hinzu: Doch all das überwinden wir durch den, der uns geliebt hat.

39 Vertrauen auf Gott: "doch alles überwinden wir durch den, der uns geliebt hat" erleichtert das Durchhalten in Schwierigkeiten durch Abstützenkönnen auf eine letzte Basis.
Wieviel schwieriger hat es da ein 'humanistischer Heiliger', der diese letzte Stütze nicht hat, oder nicht annehmen kann.
Dieses Gottvertrauen darf aber nicht als Ausrede ('...der Papa wird's schon richten...') mißverstanden werden. Es wird keine fa-talistische Untätigkeit verlangt; wohl aber das Vertrauen auf eine letzte hinter allen menschlichen Bemühungen stehende Hoffnung und Fürsorge.[115]

40 Und anderswo sagt die Schrift: Gott, du hast uns geprüft, du hast uns im Feuer geläutert, wie man das Silber im Feuer läutert; du hast uns in die Schlinge geraten

lassen, hast uns drückende Lasten auf unsere Schultern gelegt. 41 Und um zu zeigen, daß wir unter einem Oberen stehen müssen, fügt sie hinzu: Du hast uns in die Gewalt von Menschen gegeben.

41 Die Begründung: "du hast uns in die Gewalt von Menschen gegeben" erscheint mir nicht zwingend. Die RB spricht sonst immer von freier Entscheidung zur Unterordnung.[116]

42 Sie erfüllen aber auch das Gebot des Herrn durch ihre Geduld bei Unrecht und Kränkung:
Wenn sie auf eine Wange geschlagen werden, halten sie auch die andere hin; dem, der ihnen das Hemd wegnimmt, überlassen sie auch den Mantel; werden sie gezwungen, eine Meile mitzugehen, dann gehen sie zwei mit.

42 Dieses aktive Verhalten bei Unrecht[117] gibt durch freiwillige, über den Zwang hinausgehende Vorleistung dem Angreifer Anstoß und Chance zum Nachdenken und zur Umkehr.
Derartiges 'äußerlich paradoxes' Verhalten kann zur 'Heilung' von Feindschaft führen.

43 Wie der Apostel Paulus ertragen sie falsche Brüder und Verfolgung und segnen die Menschen, die sie verfluchen.

44 Auf der fünften Stufe der Demut bekennt der Mönch seinem Abt demütig, und ohne etwas zu verbergen, alle bösen Gedanken, die in seinem Herzen aufsteigen, und alles Böse, das er heimlich getan hat. 45 Dazu mahnt uns die Schrift mit den Worten: Offenbare dem Herrn deinen Weg und vertraue ihm! 46 Sie sagt auch: Bekennt dem Herrn; denn er ist gütig; denn ewig währt sein Erbarmen. 47 Und der Prophet sagt: Ich bekannte dir meine Sünde, und mein Unrecht deckte ich nicht zu. 48 Ich sagte: Ich will mich anklagen und vor dem Herrn mein Unrecht gestehen. Da hast du alle Bosheit meines Herzens verziehen.

44-48 Wer diesen Grad persönlicher Reife erreicht hat, und für seine Selbstachtung keine vorgetäuschte Fehlerfreiheit mehr notwendig hat, braucht seine "bösen Gedanken" vor dem Abt (oder der Gemeinde) nicht mehr geheimzuhalten.

Er wird durch dieses Bekenntnis frei von der Last.[118]

Auch die Gemeinschaft, die ja durchaus spürt, daß etwas 'Ungutes in der Luft liegt', wird dadurch entlastet.

49 Auf der sechsten Stufe der Demut ist der Mönch mit dem

Allergeringsten und Schlechtesten zufrieden, und bei jedem Auftrag, den er erhält, betrachtet er sich als schlechten und nichtswürdigen Arbeiter.
50 Er sagt sich mit dem Propheten: Ich bin zunichte geworden und war ohne Verstand. Wie ein dummes Tier bin ich vor dir. Und doch bleibe ich immer bei dir.

49-50 und 54 Gegen Gott haben wir keinerlei Rechtsansprüche.
Wie sicher muß ein Mensch der Liebe Gottes sein, daß er im Bewußtsein, daß ihn alle für dumm halten, trotzdem 'Ja' sagt: "und doch bleibe ich immer bei dir."

51 Auf der siebten Stufe der Demut bekennt sich der Mönch nicht nur mit der Zunge als den Niedrigsten und Geringsten von allen, sondern ist davon auch im innersten Herzensgrund überzeugt.

51 In diesem Stadium der Reife ist es unsinnig, etwas 'mit der Zunge zu bekennen', hinter dem man nicht voll und ganz steht. Das wäre heuchlerisch vorgetäuschte falsche Bescheidenheit. Viel größer ist aber die Versuchung, sich besser darzustellen, als man ist,[119] auch wenn dies unbewußt durch Verdrängung des 'Schattens' geschieht.

52 Er demütigt sich und sagt mit dem Propheten: Ich bin ein Wurm und kein Mensch, der Leute Spott, vom Volk verachtet. 53 Ich habe mich erhoben, da wurde ich erniedrigt und beschämt. 54 Und wieder: Es war gut für mich, daß du mich gedemütigt hast; so lernte ich deine Gebote.
55 Auf der achten Stufe der Demut tut der Mönch nur das, wozu die gemeinsame Regel des Klosters und das Beispiel der Älteren mahnen.

55 Das bedeutet die volle, bewußte Einordnung in die Gemeinde.

56 Auf der neunten Stufe der Demut hält der Mönch seine Zunge vom Reden zurück, bleibt still und redet nicht, bis er gefragt wird. 57 Lehrt doch die Schrift, daß man beim vielen Reden der Sünde nicht entgeht 58 und daß der Schwätzer auf der Erde keine Richtung hat.

56-58 Mehr zuhören können und den anderen nicht mit der, vielleicht richtigen, eigenen Meinung überfahren, um sich selbst zu rühmen (Hochmut)![120]

59 Auf der zehnten Stufe der Demut ist der Mönch nicht leicht zum Lachen bereit, weil geschrie-

ben steht: Nur der Tor bricht in schallendes Gelächter aus.

60 Auf der elften Stufe der Demut spricht der Mönch, wenn er redet, freundlich und ohne zu lachen, bescheiden und gesetzt; er sagt wenige und überlegte Worte und macht kein Geschrei, 61 wie es in einer Schrift heißt: Den Weisen erkennt man an der Kürze seiner Rede.

7,60-61 Vieles Reden ('small Talk') hält vom Denken ab; bzw. hilft beim Verdrängen, z.B. bei Schuld oder vor einer fälligen Entscheidung.
Es ist viel schwerer (aber es lohnt sich), in einfachen klaren Worten Stellung zu nehmen,[121] als sich in einem Wortschwall beliebige Hintertürchen offen zu lassen.[122]

Hier besteht eine Gefahr, durch falsche, gespielte, zur Schau getragene Bescheidenheit Ruhm zu ernten.[123] Wer eine derartige reife innere Haltung hat, braucht solche äußeren Gesten nicht mehr, er strahlt von sich aus.

62 Auf der zwölften Stufe der Demut ist der Mönch nicht damit zufrieden, seine Demut im Herzen zu haben, sondern offenbart sie auch immer in seinem Leib denen, die ihn sehen. 63 Das heißt: beim Gottesdienst, im Oratorium, im Kloster, im Garten, unterwegs, auf dem Feld, kurz überall; mag er sitzen, gehen oder stehen, senkt er immer den Kopf und richtet den Blick auf den Boden. 64 Wegen seiner Sünden hält er sich jederzeit für schuldig und denkt, er sei bereits vor das schreckliche Gericht Gottes gestellt.

64 Diese Haltung wäre einseitig, denn dann rechnet ein Mensch nicht ernsthaft mit der Erlösung durch Christus, die er nur als Geschenk anzunehmen braucht!

Letztlich rechnet er nur mit der Gerechtigkeit, der strafenden Vergeltung Gottes; nicht mit seiner Gnade, die nicht verdient werden kann.

"Hält sich jederzeit für schuldig" darf nicht zu einer skrupulösen Schuldneurose führen.

65 Immer spricht er in seinem Herzen die Worte des Zöllners im Evangelium, der den Blick auf den Boden richtete und sprach: Herr, ich Sünder bin es nicht wert, meine Augen zum Himmel zu erheben. 66 Und mit dem Propheten sagt er: Gebeugt bin ich und tief gedemütigt.

67 Hat nun der Mönch alle diese Stufen der Demut erstiegen, dann gelangt er bald zu jener Gottesliebe, die vollkommen ist und die Furcht vertreibt.

67 Das Motto: "Gottesliebe, die vollkommen ist und die Furcht vertreibt" ist ähnlich der Grundaussage des Buches 'Befreit von Angst und Einsamkeit'[124].

Die Aussage von 7,67 erinnert auch an den Zustand der Erleuchtung am Ende des Weges im Buddhismus, wo es gelingt, das 'Maja' (alles Unwesentliche, Hinderliche) abzustreifen.

68 In der Kraft dieser [Liebe] beginnt er, alle Vorschriften, die er bisher nur aus Angst beobachtete, jetzt ohne Mühe, infolge der Gewöhnung wie von selbst zu erfüllen, 69 nicht mehr aus Furcht vor der Hölle, sondern aus Liebe zu Christus, und weil das Gute ihm zur Gewohnheit, die Tugend zur Freude geworden ist.

70 Diesen Zustand der Vollendung wird der Herr durch den Heiligen Geist huldvoll an seinem Arbeiter offenbar machen, der rein geworden ist von Fehlern und Sünden.

68-70 Wenn "die Tugend zur Freude geworden" ist, zeigt das einen gelungenen Reifungsprozeß!

Fraglich erscheint mir jedoch die Bemerkung: "ohne Mühe, infolge der Gewöhnung".

Gewöhnung (Anpassung, Konditionierung) halte ich nicht für eine hohe Stufe der Reife. Gewöhnung liegt oft erst am Anfang eines Weges, der schließlich zur Reife führt. Statt Gewöhnung, die keine innere Zustimmung, keinen Glauben benötigt, sollte das Gottvertrauen und die daraus folgende innere Gelassenheit die Grundlage bilden.

Das richtige Verhalten ergibt sich dann aus der inneren Ruhe (nicht Lethargie) des reifen Menschen.[125]

"Tugend zur Freude geworden" ist eine Absage, oder zumindest eine Relativierung einer Gebotsethik zugunsten einer Tugendethik.

Nun kann man sagen: 'Das ist nun mein Leben, es ist selbstverständlich geworden...'

8 Der Gottesdienst in der Nacht

Schwerpunkt der Kapitel 8 bis 20 ist die Beziehung zu Gott. Diese Beziehung erfordert Disziplin, die aus Ehrfurcht vor der Größe Gottes eigentlich selbstverständlich sein sollte.[126] Diese Disziplin des gemeinsamen Gebets (lat. opus dei) hat Beziehung zur 'harten Arbeit' (opus); es kann nicht immer Begeisterung vorausgesetzt werden, und dennoch verliert auch dann dieses gemeinsame Gebet nichts an Wert.

An dieser Priorität relativieren sich die anderen Aktivitäten[127] und auch die eigenen Interessen.

Ein Kloster und jede christliche Gemeinde ist vor allem in Gott begründet und in der Liebe zwischen den Brüdern.[128] Die (harte) Tageseinteilung der RB mit täglich mehrstündigem gemeinsamen Gebet ist ein Zeichen für diese Prioritäten.

Dieses regelmäßige, auf das gleiche Ziel gerichtete gemeinsame Gebet, und auch anderes gemeinsames Tun hat zusätzlich eine gemeinschaftsfördernde Komponente.

Das gilt aber nur unter 'Gleichgesinnten'; anderenfalls wäre es nur Konvention oder Zwang.
Doch setzt die ganze RB einen 'Grundkonsens'[129] über den gemeinsamen Weg voraus; ohne aber im Detail die Individualität zu zerbrechen.[130]

Wenn ich mich mit anderen immer wieder treffe und mit ihnen etwas gemeinsam tue, dann können sonstige Auffassungs- und Meinungsunterschiede[131] keine allzu große Bedeutung erlangen, da ja eine breite gemeinsame Basis die Kommunikation auch durch 'Dürreperioden' trägt.
Auch wenn heute stundenlanges Psalmensingen kaum mehr zugemutet werden kann,[132] sollten wir doch in unserer Zeit der Zersplitterung und Spezialisierung den Wert regelmäßigen gemeinsamen Tuns zur Verbesserung der zwischenmenschlichen Beziehungen wiederentdecken.

BENEDIKT betont immer wieder die Pünktlichkeit. Dabei stellt er, wie auch sonst oft, zunächst scharfe Forderungen, doch werden diese im Einzelfall nicht starr gehandhabt, sondern es wird, ohne die grundsätzliche Forderung zurückzunehmen, mit den menschlichen Grenzen gerechnet.

Dieses "rechte Maß" ist ein wesentliches Kennzeichen der Benediktregel. Viele Betriebsordnungen, usw. könnten sich dieses Vorgehen zum Beispiel nehmen![133]

Sagt die, an sich formale, Pünktlichkeit nicht indirekt viel über meine inneren Prioritäten aus;
lasse ich jemand, den ich liebe, warten?

Daneben vermeidet natürliche Pünktlichkeit unnötigen Streß.
Ich argumentiere hier nur gegen Unpünktlichkeit aus Schlamperei, nicht aber für Pünktlichkeit als Selbstzweck.[134]
Es ist durchaus ein Unterschied, ob ich aus Geringschätzung des Partners bzw. Schlamperei unpünktlich bin, oder ob ich durch ein unvorhersehbares Ereignis aufgehalten wurde.

1 Zur Winterzeit, das heißt vom ersten November bis Ostern, wird man bei vernünftiger Überlegung zur achten Stunde der

Nacht aufstehen. 2 So können die Brüder etwas länger als die halbe Nacht schlafen und dann ausgeruht aufstehen. 3 Was nach den Vigilien an Zeit noch übrigbleibt, sollen die Brüder, die es brauchen, auf das Einüben der Psalmen und Lesungen verwenden.

4 Von Ostern bis zum erwähnten ersten November wird die Zeit, wie folgt, festgesetzt: an die Feier der Vigilien schließt sich nach kurzer Pause, in der die Brüder für die leibliche Notdurft hinausgehen können, alsbald die Morgenfeier an, die bei Tagesanbruch zu halten ist.

9 Die Zahl der Psalmen beim Nachtgottesdienst

1 Während der oben erwähnten Winterzeit singe man zunächst dreimal den Vers: Herr öffne mir die Lippen, und mein Mund wird deinen Ruhm verkünden. 2 Darauf folgt der dritte Psalm und das Ehre sei dem Vater. 3 Dann der vierundneunzigste Psalm, mit Antiphon oder doch wenigstens einfach [ohne Antiphon] gesungen. 4 Es folgt der Hymnus des Ambrosius, darauf sechs Psalmen mit Antiphonen.

5 Sind diese gesungen, und ist der Vers gesungen, so spricht der Abt das Segensgebet; dann setzen sich alle auf die Bänke, und die Brüder lesen abwechselnd aus einem Buch auf dem Pult drei Lesungen vor, zwischen denen auch drei Responsorien gesungen werden. 6 Zwei Responsorien singt man ohne Ehre sei dem Vater; aber nach der dritten Lesung singt der Vorsänger das Ehre sei dem Vater. 7 Sobald der Vorsänger es anstimmt, stehen alle sogleich in tiefer Ehrfurcht vor der heiligen Dreifaltigkeit von ihren Sitzen auf.

8 Die Bücher, die man zu den Vigilien liest, sind die von Gott beglaubigten Bücher des Alten wie des Neuen Testaments, aber auch deren Erklärungen, die von den anerkannten und rechtgläubigen katholischen Vätern verfaßt sind.

9 Auf diese drei Lesungen mit ihren Responsorien folgen die sechs übrigen Psalmen, die man mit Alleluia singt. 10 Auf sie folgt die Lesung aus dem Apostel, die auswendig vorzutragen ist, der Vers und das Bittgebet der Litanei, das heißt das Kyrie eleison. 11 Damit schließt die Feier der nächtlichen Vigilien.

10 Die Feier des nächtlichen Lobes zur Sommerzeit

1 Von Ostern bis zum ersten November wird die oben erwähnte

[Zwölf-] Zahl der Psalmen voll beibehalten; 2 nur fallen wegen der kurzen Nächte die Lesungen aus dem Buch weg; statt der drei Lesungen wird eine aus dem Alten Testament auswendig vorgetragen; auf sie folgt ein kurzes Responsorium. 3 Alles übrige wird so gehalten, wie es [für die Winterzeit] bestimmt wurde, das heißt, zu den nächtlichen Vigilien dürfen nie weniger als zwölf Psalmen gesungen werden, der dritte und der vierundneunzigste Psalm nicht gerechnet.

11 Die Feier der Vigilien am Sonntag

1 Am Sonntag steht man zu den Vigilien früher auf.

11,1 Das Leben in BENEDIKT's Kloster unterscheidet sich in den Prioritäten von unserem alltäglichen Leben. Während in der 'Welt' der Sonntag, nach einer harten Arbeitswoche, der Erholung und oft als 'Schlaftag' dient, soll bei BENEDIKT der Sonntag durch früheres Aufstehen mit einem ausgedehnteren Gottesdienst begonnen werden.
Die Härte dieser Forderung ergibt sich daraus, daß man[135] schon an gewöhnlichen Tagen um ca. 2h ("achte Stunde der Nacht") aufstehen soll. Daß diese Disziplin nicht einfach durchzuhalten ist, zeigen auch 11,11-13.

2 Man halte bei den Vigilien folgende Ordnung ein: Man singt, wie wir angeordnet haben, sechs Psalmen und den Vers. Dann setzen sich alle geordnet und der Rangordnung entsprechend auf die Bänke, und man liest, wie wir oben bestimmt haben, aus einem Buch vier Lesungen mit ihren Responsorien. 3 Nur zum vierten Responsorium singt der Vorsänger das Ehre sei dem Vater. Sobald er es anstimmt, stehen alle sofort in Ehrfurcht auf.

4 Auf diese Lesungen folgen der Reihe nach sechs weitere Psalmen mit Antiphonen wie vorher[136] und der Vers. 5 Darauf liest man wieder vier weitere Lesungen mit ihren Responsorien, in der gleichen Ordnung wie oben. 6 Dann singt man drei Lobgesänge aus den Propheten, die der Abt festsetzt. Diese Lobgesänge singt man mit Alleluia.

7 Nachdem auch der Vers gesungen ist und der Abt das Segensgebet gesprochen hat, liest man weitere vier Abschnitte aus dem Neuen Testament, in der gleichen Ordnung wie oben. 8 Nach dem vierten Responsorium stimmt der Abt den Hymnus: Dich, Gott loben wir an. 9 Wenn dieser zu Ende gesungen ist, liest der Abt

einen Abschnitt aus dem Evangelium, wobei alle in Ehrfurcht stehen. 10 Ist das Evangelium gelesen, so antworten alle: Amen, und der Abt schließt sogleich den Hymnus: Dir gebührt Lob an, und nach dem Segensgebet beginnt die Morgenfeier. 11 Diese Ordnung der Vigilien soll am Sonntag zu jeder Jahreszeit, im Sommer wie im Winter, in gleicher Weise eingehalten werden; 12 es müßte denn sein, daß man, was Gott verhüte, zu spät aufsteht; dann müßte man an den Lesungen und Responsorien kürzen. 13 Man sorge aber auf jede Weise dafür, daß es nicht vorkommt. Sollte es dennoch geschehen, dann leiste der, dessen Nachlässigkeit daran schuld ist, dafür Gott im Oratorium die entsprechende Genugtuung.

12 Die Morgenfeier

1 Zur Morgenfeier am Sonntag singt man zuerst den sechsundsechzigsten Psalm, ohne Antiphon, ohne Unterbrechung.

2 Dann den fünfzigsten Psalm mit Alleluia. 3 Dann den hundertsiebzehnten und zweiundsechzigsten, 4 darauf den Lobpreis und die Lobpsalmen, dann eine Lesung aus der Apokalypse, auswendig, und das Responsorium, den Hymnus des Ambrosius, den Vers, den Lobgesang aus dem Evangelium und die Litanei. Damit ist die Feier beendet.

13 Die Morgenfeier an den gewöhnlichen Tagen

1 An den gewöhnlichen Tagen wird die Morgenfeier, wie folgt, gehalten: 2 Man singt den sechsundsechzigsten Psalm ohne Antiphon wie am Sonntag, ein wenig langsam, so daß alle zum fünfzigsten Psalm da sind, der mit Antiphon gesungen wird.

2 "Man singe so langsam, so daß alle da sind" zeigt deutlich die differenzierte Handhabung der Regel.

3 Dann singt man, wie üblich, zwei weitere Psalmen, nämlich:

4 am Montag den fünften und fünfunddreißigsten, 5 am Dienstag den zweiundvierzigsten und sechsundfünfzigsten, 6 am Mittwoch den dreiundsechzigsten und den vierundsechzigsten,

7 am Donnerstag den siebenundachzigsten und neunundachtzigsten, 8 am Freitag den fünfundsiebzigsten und einundneunzigsten, 9 am Samstag aber den hundertzweiundvierzigsten und den

Lobgesang aus dem Deuteronomium, den man in zwei Ehre sei dem Vater teilt. 10 An den anderen Tagen [Montag bis Freitag] singt man nämlich jeden Tag den entsprechenden Lobgesang aus den Propheten, wie es in der Römischen Kirche Brauch ist.

11 Danach folgen die Lobpsalmen, dann eine Lesung aus dem Apostel, auswendig, das Responsorium, der Hymnus des Ambrosius, der Vers, der Lobgesang aus dem Evangelium und die Litanei. Damit ist die Feier beendet.

12 Die Morgen- und die Abendfeier dürfen auf keinen Fall zu Ende gehen, ohne daß der Obere am Schluß das ganze Gebet des Herrn so spricht, daß alle es hören, wegen der Dornen, das heißt wegen der Streitigkeiten, die leicht entstehen.

13 Dadurch, daß die Brüder die Bitte aussprechen: Vergib uns, wie auch wir verge-ben, verpflichten sie sich, sich von einer solchen Schuld zu reinigen.

12-13 betont das bewußte Sprechen des 'Vater unser': "wie auch wir vergeben" wird als Verpflichtung verstanden.

14 Bei den anderen Gebetszeiten spricht man nur den Schluß dieses Gebetes laut, so daß alle antworten: Sondern erlöse uns vor dem Bösen!

14 Die Vigilien an den Festtagen der Heiligen

An den Gedenktagen der Heiligen und an allen Festen hält man es so, wie wir es für den Sonntag bestimmt haben. 2 Nur nimmt man die Psalmen und Lesungen, die zum betreffenden Tag gehören. Doch wird die oben angegebene Ordnung beibehalten.

15 Die Zeiten des Alleluia-Gesangs

1 Vom heiligen Ostern bis Pfingsten singt man ohne Unterbrechung Alleluia, sowohl zu den Psalmen wie zu den Responsorien. 2 Von Pfingsten bis zum Beginn der österlichen Bußzeit singt man es jede Nacht nur zu den letzten sechs Psalmen der Nachtfeier. 3 An allen Sonntagen ausserhalb der österlichen Bußzeit singt man die Lobgesänge [der Vigilien], die Morgenfeier, Prim, Terz, Sext und Non mit Alleluia, die Vesper aber mit Antiphon. 4 Die Responsorien jedoch singt man nie mit Alleluia, außer in der Zeit von Ostern bis Pfingsten.

16 Der Gottesdienst unter Tags

1 Wie der Prophet sagt: Siebenmal am Tag singe ich dein Lob.

1 Das könnte auch für uns Anregung sein, öfters am Tage[137] (zu festen oder zu ungeregelten Zeiten) sich der Verbindung mit Gott bewußt zu werden.

Auch Paulus sagt,[138] daß sein ganzer Tagesablauf (unausdrücklich, darum aber nicht weniger richtig) Gebet sei.

Gebet muß nicht in Worten oder speziellen Handlungen geschehen, sondern kann auch jede Tätigkeit des einzelnen sein, die sich im größeren Zusammenhang mit Gott und der Gemeinde weiß.

2 Diese geheiligte Siebenzahl erfüllen wir dann, wenn wir in der Morgenfrühe sowie zu den Stunden der Prim, Terz, Sext, Non, Vesper und Komplet unseren schuldigen Dienst leisten; 3 denn von diesen Gebetsstunden am Tag sagt der Prophet: Siebenmal am Tag singe ich dein Lob. 4 Von der Feier der nächtlichen Vigilien sagt der gleiche Prophet: Um Mitternacht stehe ich auf, um dir zu lobsingen.

5 Zu diesen Zeiten wollen wir also unserem Schöpfer den Lobpreis darbringen wegen seiner gerechten Entscheidungen, nämlich bei der Morgenfeier, Prim, Terz, Sext, Non, Vesper und Komplet; und auch bei Nacht wollen wir aufstehen, um ihn zu preisen.

17 Die Zahl der Psalmen bei diesen Gottesdiensten

1 Für die Feier in der Nacht und am Morgen haben wir die Ordnung des Psalmengesanges bereits festgelegt; nun wenden wir uns den folgenden Gebetsstunden zu.

2 Zur Prim singt man drei Psalmen, jeden für sich, also nicht unter einem einzigen Ehre sei dem Vater, 3 vor dem Beginn der Psalmen den Vers: Gott komm mir zu Hilfe und den Hymnus dieser Gebetszeit. 4 Nach den drei Psalmen wird eine Lesung vorgetragen, der Vers, Kyrie eleison und der Schluß.

5 Die Gebetszeiten der Terz, Sext und Non werden in der gleichen Ordnung gefeiert, das heißt: der Vers, die Hymnen dieser Gebetszeiten, je drei Psalmen, die Lesung und der Vers, Kyrie eleison und der Schluß. 6 Wenn die Klostergemeinde größer ist, singt man die Psalmen mit Antiphonen; ist sie kleiner, ohne Unterbrechung.

7 Für die Vesper beschränkt man sich auf vier Psalmen mit Antiphonen. 8 Nach diesen Psalmen trägt man die Lesung vor, dann das Responsorium, den Hymnus des Ambrosius, den Vers, den Lobgesang aus dem Evangelium, die Litanei und das Gebet des Herrn als Schlußgebet.

9 Für die Komplet beschränkt man sich auf das Singen von drei Psalmen. Diese Psalmen singt man ohne Unterbrechung, ohne Antiphon. 10 Dann folgt der Hymnus dieser Gebetszeit, eine Lesung, der Vers, Kyrie eleison und das Segensgebet als Schluß.

18 Die Reihenfolge, in der die Psalmen zu singen sind

17-18 Die Vorschriften über die Reihenfolge der Psalmen, usw. sind in dieser Form heute nicht aktuell. Wichtig ist jedoch der große Raum, den BENEDIKT dem Gemeinschaftsgebet der ganzen Kirche (als Zeichen der Einheit) zumißt. Obwohl das persönliche Gebet hier nicht ausdrücklich erwähnt wird,[139] nehme ich an, daß BENEDIKT es als Grundlage stillschweigend voraussetzt. Es muß aber[140] immer durch das gemeinsame Gebet ergänzt werden. Vermutlich ist das gemeinsame Gebet mit vorgegebenen Texten (hier den Psalmen) leichter vollziehbar als jeweils öffentlich freiformuliertes individuelles Gebet; vermutlich kann so auch leichter Vertrautheit aufgebaut werden.

Die starke Betonung der Psalmen stellt nicht nur, wie oben erwähnt, ein Zeichen der Gemeinschaft der Kirche im Raum dar, sondern auch in der Kontinuität der Zeit; ja bis zum Gebet des auserwählten Volkes im Alten Bund! Auch der jüdische Gottesdienst verwendet alle Psalmen.

Dabei müßte auf den Text, die Ausdrucksweise und das Gottesverständnis der Psalmen noch näher eingegangen werden.

Daß diese alten Texte, auch die harten Formulierungen der 'Fluchpsalmen', die Menschen auch noch heute ansprechen, kann aus den Übertragungen vieler Psalmen durch E. CARDENAL[141] geschlossen werden. Bedenken sollte man hier auch die Aspekte der Meditation und des Aussprechens aller menschlichen Gefühle:

Von der Liebe bis zum Haß gegen Gott, der dennoch nie aufgegeben wird.[142] Dadurch bleibt die im Gebet ausgedrückte Gottesbeziehung lebendig, sie wird nie fade! In diesem Sinne kann auch das Buch 'Gottesvergiftung'[143] als 'Psalm' angesehen werden.

1 Zuerst singt man den Vers: Gott komm mir zu Hilfe; eile, Herr mir zu helfen, Ehre sei dem Vater, dann den Hymnus jeder Gebetszeit.

2 Dann singt man am Sonntag zur Prim vier Abschnitte des hundertachtzehnten Psalms. 3 Zu den anderen Gebetszeiten, nämlich zur Terz, Sext und Non, singt man je drei Abschnitte des oben erwähnten hundertachtzehnten Psalms.

4 Zur Prim am Montag singt man drei Psalmen, nämlich den ersten, zweiten und sechsten. 5 So singt man jeden Tag zur Prim der Reihe nach bis zum Sonntag je drei Psalmen bis zum neunzehnten Psalm, wobei man den neunten und siebzehnten Psalm in zwei Abschnitte teilt. 6 So ergibt es sich, daß man zu den Vigilien am Sonntag immer mit dem Zwanzigsten beginnt.

7 Zur Terz, Sext und Non des Montags singt man die neun noch übrigen Abschnitte des hundertachtzehnten Psalms, drei in jeder Gebetszeit.

8 So wird der ganze hundertachtzehnte Psalm an diesen zwei Tagen, nämlich am Sonntag und Montag gesungen. 9 Am Dienstag werden zu Terz, Sext und Non je drei Psalmen gesungen: vom hundertneunzehnten bis zum hundertsiebenundzwanzigsten, also neun Psalmen. 10 Diese Psalmen wiederholt man bei diesen Gebetszeiten immer in gleicher Weise bis zum Sonntag; auch die Anordnung der Hymnen, Lesungen und Verse wird an allen Tagen unverändert beibehalten.

11 So kann man am Sonntag immer mit dem hundertachtzehnten Psalm beginnen.

12 Zur Vesper singt man täglich vier Psalmen. 13 Diese Psalmen beginnen mit dem hundertneunten und gehen bis zum hundertsiebenundvierzigsten. 14 Ausgenommen sind jene Psalmen, die schon für andere Gebetszeiten ausgeschieden sind, nämlich Psalm hundertsiebzehn bis hundertsiebenundzwanzig, ferner Psalm hundertdreiunddreißig und hundertzweiundvierzig.

15 Alle übrigen werden zur Vesper gesungen. 16 Weil man dabei drei Psalmen zu wenig bekommt, so teilt man von den oben erwähnten die längeren, nämlich den Psalm hundertachtunddreissig, hundertdreiundvierzig und hundertvierundvierzig. 17 Der hundertsechzehnte Psalm wird wegen seiner Kürze mit dem hundertfünfzehnten verbunden.

18 Damit ist die Reihenfolge der Vesperpsalmen festgelegt. Für alles übrige, nämlich die Lesung, das Responsorium, den Hymnus, den Vers und den Lobgesang gel-

ten die oben gegebenen Anordnungen.

19 Zur Komplet wiederholt man täglich dieselben Psalmen, nämlich den vierten, neunzigsten und hundertdreiunddreißigsten.

20 Damit ist die Ordnung für den Psalmengesang unter Tags festgelegt; alle noch übrigen Psalmen verteilt man gleichmäßig auf die sieben Vigilien, 21 und zwar so, daß man die längeren Psalmen teilt und jeder Nacht zwölf zuteilt.

22 Wir machen ausdrücklich auf folgendes aufmerksam: Wenn jemand diese Verteilung nicht annehmen will, dann soll er nach besserer Einsicht eine andere Reihenfolge aufstellen. 23 Nur soll er unter allen Umständen darauf achten, daß man jede Woche den Psalter mit seinen hundertfünfzig Psalmen ungekürzt singt und zu den Vigilien am Sonntag immer wieder von vorn beginnt.

24 Denn allzu träge zeigen sich die Mönche in ihrem Dienst und in ihrer Frömmigkeit, wenn sie im Verlauf einer Woche nicht den ganzen Psalter und dazu die üblichen Lobgesänge [aus den Propheten] singen.

25 Lesen wir doch, daß einst unsere heiligen Väter in ihrem Eifer an einem einzigen Tag das vollbracht haben, was wir lauen Mönche wenigstens in einer ganzen Woche leisten sollten.

19 Das Verhalten beim Psalmensingen

Einstellung und Haltung sollen übereinstimmen.

1 Wir glauben, daß Gott überall gegenwärtig ist und daß die Augen des Herrn an jedem Ort die Guten und die Bösen beobachten. 2 Das sollen wir noch mehr als sonst glauben und für gewiß halten, wenn wir am Gottesdienst teilnehmen.

3 Immer sollen wir daher an das Wort des Propheten denken:
Dient dem Herrn in Furcht![144]
4 Und: Singt die Psalmen weise!
5 Und: In Gegenwart der Engel singe ich dir Psalmen. 6 Wir wollen also bedenken, wie wir vor dem Angesicht der Gottheit und ihrer Engel sein müssen, 7 und so beim Psalmensingen stehen, daß unser Herz im Einklang ist mit unserem Wort.

19, 6-7 Die Forderung nach Übereinstimmung von Wort und innerer Einstellung ist auch heute aktuell, und zwar nicht nur, wie an dieser Stelle betont, beim Gebet, sondern auch bei jeder zwischenmenschlichen Kommunikation.[145]

Es ist nicht möglich, Gott zu belügen, ihm mit Worten etwas vorzumachen, hinter dem man nicht steht.
Ein Widerspruch zwischen Wort und innerer Einstellung, der vielleicht unter Zwang entstand, neurotisiert auf die Dauer im Sinne des 'Zwiedenkens',[146] bzw. führt zu Apathie.
Dies gilt allerdings erst dann, wenn der Widerspruch erkannt wurde, was entsprechende Sensibilität[147] voraussetzt, und dieser nicht naiv ('unschuldig') übersehen wurde. Erst ein 'Erkennen'[148] von 'Gut und Böse' schafft Möglichkeit der Schuld.

20 Die Ehrfurcht beim Gebet

Das Verhalten gegenüber anderen Menschen bzw. gegenüber Gott zeigt deutlich die Prioritäten, die wahre Wertschätzung.

1 Wenn wir mächtigen Menschen eine Bitte unterbreiten wollen, wagen wir es nur in Demut und Ehrfurcht. 2 Um wieviel mehr müssen wir zum Herrn, dem Gott des Weltalls, in aller Demut und mit reiner Hingabe flehen.

1-2 Eine ernste Mahnung! Unser Verhalten[149] steht häufig ganz im Gegensatz zu dieser, eigentlich selbstverständlichen, Forderung.
Oder nehmen wir den Finanzbeamten, den Richter, mit dem wir unmittelbar zu tun haben, ernster und wirklicher als Gott, den wir nicht unmittelbar erfahren? Ist diese Haltung nicht ein Hinweis auf unseren Unglauben und unsere wahren Prioritäten?
BENEDIKT zeigt an diesem Beispiel, wie autoritätshörig sich Menschen gegenüber anderen Menschen verhalten, und bringt dann die, unbedingt höhere, Autorität Gottes ins Spiel. Er schreibt nicht vor, vor Amtspersonen zu kriechen.

3 Und wir sollen wissen, daß wir nicht durch viele Worte, sondern durch die Reinheit des Herzens und die Tränen der Zerknirschung Erhörung finden.

3 Nicht viele Worte sind entscheidend, sondern die gesamte innere Einstellung.
Hier könnte man einen Widerspruch zum stundenlangen Psalmensingen sehen. Macht BENEDIKT hier einen Unterschied zwischen dem gemeinsamen Gebet (lat. opus dei als 'Arbeit vor Gott') und dem freien persönlichen Gebet? Kann das, auch über Durststrecken durchgehaltene, 'Opus' nicht, auch wenn es auch nur aus Disziplin erfolgte, Stütze und Möglichkeit für den Neubeginn der 'reinen Hingabe' bilden?

Vielleicht sollte diese Differenzierung bei der Gebetspraxis heutiger Gemeinden neu überdacht werden! Andererseits ist auch das persönliche Gebet Voraussetzung für das Gebet in der Gemeinde.

4 Deshalb soll das Gebet kurz und rein sein, es sei denn, es werde durch den Antrieb und die Eingebung der göttlichen Gnade verlängert.
5 Doch in der Gemeinschaft soll das Gebet ganz kurz sein;[150] und wenn der Obere das Zeichen gegeben hat, sollen alle zusammen aufstehen.

21 Die Dekane des Klosters

Größere Gemeinschaften brauchen eine Feinstruktur, da nicht mehr jeder mit jedem unmittelbar kommunizieren kann.

1 Wenn die Klostergemeinde größer ist, sollen aus ihrer Mitte Brüder von gutem Ruf und heiligem Leben gewählt und zu Dekanen bestellt werden.

2 Diese führen in allen Angelegenheiten die Aufsicht über ihre Dekanien, im Einklang mit den Geboten des Herrn und den Weisungen ihres Abtes.

1-2 Diese Unterteilung gilt ebenso für andere soziale Gruppen. Die kleinste Einheit soll nicht mehr Mitglieder enthalten, als etwa um einen Tisch herum sitzen können. Das sind ca. 6-10 Personen. Sie darf also nur so groß sein, daß man noch ohne ein besonderes 'Protokoll' miteinander sprechen kann. Das gilt z.B. für 'Runden' in Gemeinden[151] oder Teams in Firmen.

3 Zu Dekanen sollen [Brüder] gewählt werden, auf die der Abt ruhig einen Teil seiner Bürde legen kann.

3 Der Abt ('Chef') soll nicht alles allein machen, sondern klug delegieren können.[152]

Delegation ist aber nur an vertrauenswürdige Mitarbeiter möglich, da die letzte Verantwortung ja doch beim 'Chef' liegt.[153]

4 Für die Wahl soll nicht die Rangordnung maßgebend sein, sondern das vorbildliche Leben und die Weisheit der Lehre.

4 Die Rangordnung[154] nach dem Eintrittszeitpunkt bietet eine Ordnung ('default'), die aus wichtigen Gründen, z.B. "vorbildliches Leben" oder "Weisheit der Lehre" übergangen werden kann.

5 Gibt ein Dekan, von Stolz aufgebläht, Anlaß zum Tadel, dann soll er einmal, ein zweites und

drittes Mal zurechtgewiesen werden; will er sich nicht bessern, so werde er abgesetzt, 6 und ein anderer, der würdig ist, soll an seine Stelle treten.
7 Das gleiche bestimmen wir für den Prior.

5-7 BENEDIKT verlangt die Absetzung von Dekanen oder des Priors, wenn diese dem Machtdenken verfallen.

Koordinieren und Leiten hat nach BENEDIKT nichts mit persönlicher Machtausübung zu tun,[155] sondern der Dienst an der Gruppe, an der Gemeinde, steht im Vordergrund.

Eine ähnliche Konstruktion besteht in der Basisgemeinde 'Machstraße'.[156] Dort besteht ein Leitungsteam, das aus Rundenvertretern zusammengesetzt ist. Doch werden dort die Rundenvertreter von den Runden (also von 'unten') und nicht wie bei BENEDIKT vom Abt (also von 'oben') bestimmt.

Viele rein anarchistisch ('ohne Herrschaft') gebildete Gruppen zerfallen, wenn sie eine gewisse Größe überschritten haben, die keine direkte Meinungsbildung mehr ermöglicht, und wenn sie keine Substrukturen aufzubauen imstande sind.[157]

Es wäre zu überlegen, ob solche am Dienst und nicht an der Macht orientierte Strukturen auch in anderen Bereichen (in Betrieben, Vereinen, öffentlichen Institutionen,...) möglich wären.

Ein Problem ist jedoch der oft fehlende Zielkonsens.[158] BENEDIKT's Kloster oder eine andere christliche Gemeinde kann ihn, zumindest in den Grundfragen, voraussetzen.

Ursache des Problems ist, daß Menschen, weil sie z.B. keine andere Wahl haben, in eine Organisation eintreten,[159] mit deren Zielen sie sich nicht eingehend auseinandergesetzt haben,[160] und mit denen sie sich daher persönlich nicht voll identifizieren können.[161]

Es wäre auch zu überlegen, warum aus Gruppen 'von unten' gewählte Vertreter so oft durch die ihnen anvertraute Macht korrumpiert werden, und diese als Selbstzweck mißbrauchen.

Welche Persönlichkeitsentwicklungen spielen dabei mit, und wie weit können diese vom einzelnen oder von seiner Gruppe, gewaltlos, beeinflußt werden?[162]

5-6 und an vielen anderen Stellen der Regel: Es wird bei Fehlern nicht sofort über einen Menschen der Stab gebrochen. BENEDIKT rechnet mit begrenzten Menschen, die Fehler machen; er zieht aber hart die Konsequenzen, wenn sich Fehler systematisch, ohne Aussicht auf Besserung, wiederholen.

22 Der Schlaf der Mönche

Bei engem Zusammenleben müssen auch so einfache Dinge wie Schlafplätze, heute sicherlich Zimmer für einzelne, Paare oder Familien, überlegt werden, um Unordnung und Konflikte zu vermeiden.

1 Jeder soll in einem eigenen Bett schlafen. 2 Nach der Anweisung ihres Abtes erhalten sie Bettzeug, wie es der klösterlichen Lebensweise entspricht.

1-2 Einfach leben, jedoch mit allem Notwendigen; Verzicht auf Überflüssiges.[163]

3 Wenn es möglich ist, schlafen alle in einem Raum; wenn die große Zahl es nicht zuläßt, ruhen sie zu zehn oder zwanzig mit ihren Älteren, die über sie wachen.
4 Im Schlafraum brennt bis zum Morgen ständig eine Lampe.
5 Sie schlafen bekleidet und gegürtet mit Gürtel oder Strick. Während der Nachtruhe sollen sie ihr Messer nicht bei sich tragen, damit sie sich nicht etwa im Schlaf damit verletzen.
6 Die Mönche seien immer bereit. Wenn das Zeichen gegeben wird, sollen sie unverzüglich aufstehen und sich beeilen, einander zum Gottesdienst zuvorzukommen, jedoch mit allem Ernst und Anstand.

7 Die jüngeren Brüder haben ihre Betten nicht nebeneinander, sondern zwischen den Älteren.

8 Beim Aufstehen zum Gottesdienst sollen sie einander zurückhaltend aufmuntern, so daß die Schläfrigen keine Ausrede haben.

6-8 betont konsequent aber nicht starr die Pünktlichkeit: "zurückhaltend" aufmuntern, nicht ein Pfeifsignal: 'Tagwache'.

23 Die Ausschließung bei Verfehlungen

Die Kapitel 23-30 behandeln das 'Krisenmanagement' bei Verfehlungen und Konflikten.

Schwerpunkt ist dabei nicht die Strafe, sondern die Hilfe zur Einsicht und Umkehr.

Die Verantwortung aller Mitglieder der Gemeinschaft, aber insbesondere die des verantwortlichen Leiters, wird hervorgehoben.

Die "Ausschließung" ist kein endgültiger 'Hinauswurf', sondern eine 'Einschränkung der Kommunikation', die heute besser mit 'Dimission' übersetzt würde.

Es geht dabei weniger um das 'Verhängen einer Strafe', sondern darum, daß der "fehlende Bruder" durch seine Tat, sein Verhalten,

diese Störung der Kommunikation auslöst.
Konsequenterweise ist daher das Ziel nicht der endgültige Abbruch der Beziehung, sondern die Einsicht und Umkehr.

1 Wenn ein Bruder widerspenstig, ungehorsam oder stolz ist, wenn er murrt und sich in einem Punkt der Heiligen Regel und den Befehlen seiner Oberen widersetzt und sich damit als Verächter erweist, 2 sollen seine Oberen ihn nach dem Gebot des Herrn ein und ein zweites Mal unter vier Augen ermahnen. 3 Bessert er sich nicht, so werde er öffentlich vor allen zurechtgewiesen.

1-4 Das stufenweise Vorgehen bei Verfehlungen[164] toleriert keine Fehler, fügt aber dem Schuldigen so wenig Schaden wie möglich zu. Besonders wichtig unter den in 23,1 angeführten Fehlern scheinen mir das "Murren" und der "Stolz", da beide gemeinschaftsschädigend sind.

4 Lenkt er auch jetzt nicht ein, so verfalle er der Ausschließung, wenn er die Schwere dieser Strafe begreift.

4 Eine Strafe ist nur dann sinnvoll, wenn der Betroffene sie begreift. Strafe soll kein Racheakt sein, sondern zu einer Besserung im Verhalten, möglichst aus eigener Einsicht, führen.

5 Erweist er sich aber als Querkopf, dann gehe man mit körperlicher Strafe gegen ihn vor.

5 ist pädagogisch fragwürdig und nicht aktuell.

24 Die Art der Ausschließung

1 Der Schwere der Verfehlung muß die Art der Ausschließung und Bestrafung entsprechen.

1 beschreibt kein formales Strafrecht, sondern eine differenzierte Anpassung an den Grad der Verfehlung. Durch Unterscheiden zwischen der Beurteilung der Tat und der Person des Täters[165] läßt sich dieses Urteilen mit der Aussage: "Richtet nicht, damit ihr nicht gerichtet werdet."[166] vereinbaren.
BENEDIKT bricht auch bei Ausschließungen die Liebesbeziehung zum Ausgeschlossenen nicht ab, sondern verpflichtet[167] den Abt dazu, mehr auf die Umkehr des Betroffenen als auf den Strafvollzug zu achten. Der Abt ist hier zugleich 'Richter' und 'Bewährungshelfer'.
Die Strafen in Kap. 23-29 haben alle den Charakter eines Entzugs

oder einer Einschränkung der Gemeinschaft. Sie werden daher von Menschen, denen an der Gemeinschaft sehr viel liegt, viel stärker empfunden als von Einzelgängern und unsensiblen 'Querköpfen'. Sie bedeuten aber keinen 'Liebesentzug' im Sinne der Psychologie.

2 Die Schwere der Verfehlungen zu beurteilen steht dem Abt zu.

2 Wenn auch in vielen Fällen ein Fehler selbst eingesehen[168] wird, muß es doch eine Instanz, bei BENEDIKT den Abt, geben, die in Zweifelsfällen entscheidet.
Wer beurteilt in einer Gemeinde mit kollektiver Führung die Schwere einer Verfehlung?
Kann man, wie in einer Jury abstimmen?
Das Problem ist dabei, daß das Aufmerksammachen auf Fehler unter vier Augen der Verantwortung fehlbarer einzelner überlassen werden müßte. Eine Erörterung in der Gemeinde würde sofort mit der zweiten Stufe[169] beginnen.
Unter beiden Organisationsprinzipien trägt diese Instanz hohe Verantwortung! 'Ausschließung' ist bei BENEDIKT nicht der totale Abbruch[170] der Gemeinschaft; er kennt mehrere Stufen: von der schrittweisen Einschränkung der Kommunikation bis zur unwiderruflichen Trennung.[171]

3 Wenn ein Bruder sich leichtere Verfehlungen zuschulden kommen ließ, soll er vom gemeinsamen Tisch ausgeschlossen werden. 4 Für den, der von der Teilnahme am gemeinsamen Tisch ausgeschlossen ist, gilt diese Regel: Im Oratorium darf er keinen Psalm und keine Antiphon singen und keine Lesung vortragen, bis er Genugtuung geleistet hat.

4 "...bis er Genugtuung geleistet hat..." Wie schon oben erwähnt, kommt es auf die Umkehr an, nicht auf den vollständigen Strafvollzug.[172]

5 Die Mahlzeit nimmt er allein ein, nach der Mahlzeit der Brüder. 6 Wenn die Brüder zum Beispiel zur sechsten Stunde essen, ißt dieser Bruder zur neunten; wenn die Brüder zur neunten Stunde essen, dann er am Abend, 7 bis er nach entsprechender Genugtuung Verzeihung erlangt.

25 Schwere Verfehlungen

1-3 Der absolute Entzug der Gemeinschaft ist extrem hart, wenn er auch durch die Sorgepflicht des Abtes[173] in menschlicher Weise ergänzt wird; anderenfalls entspräche dieses Vorgehen einer 'Isolierhaft'.

Eine derartige Strafe darf von einer Gemeinschaft, die auf Liebe aufgebaut ist, nur mit hohem Verantwortungsbewußtsein und auch dann nur im äußersten Notfall ausgesprochen werden.

1 Der Bruder aber, der eine schwere Schuld auf sich geladen hat, soll zugleich von Tisch und Oratorium ausgeschlossen werden. 2 Kein Bruder darf mit ihm irgendwie Gemeinschaft haben oder mit ihm reden. 3 Allein soll er die Arbeit verrichten, die man ihm aufträgt. Er soll in Buße und Trauer verharren und an den furchtbaren Urteilsspruch des Apostels denken: 4 Ein solcher Mensch ist dem Tod des Fleisches übergeben, damit der Geist am Tag des Herrn gerettet wird.

4 ist, als Grundlage vieler Inquisitionsprozesse, nicht akzeptabel. Hier wird der Mensch als Nebeneinander von Körper (niedriger, wertloser) und Geist (höher, wertvoller) gesehen. Die heutige Auffassung vom Menschen geht von der Einheit von Körper und Geist aus.

5 Die Mahlzeit aber erhalte er für sich allein, in dem Maß und zu der Zeit, wie es der Abt für richtig befindet. 6 Auch soll ihm beim Vorübergehen niemand den Segensgruß bieten, noch darf die Speise gesegnet werden, die man ihm reicht.

6 ist nicht akzeptierbar. In einer christlichen Gemeinde, die im Vertrauen auf Gott mit der Umkehrmöglichkeit für jeden Sünder rechnet, ist es unzumutbar, den Segen zu verweigern!

26 Von denen, die ohne Erlaubnis mit den Ausgeschlossenen zusammenkommen

1 Wagt es ein Bruder, ohne Erlaubnis des Abtes irgendwie mit einem ausgeschlossenen Bruder zusammenzukommen, mit ihm zu reden oder ihm etwas auszurichten, 2 dann trifft ihn die gleiche Strafe der Ausschließung.

1-2 Die harte Drohung der gleichen Strafe für die Kommunikation mit einem Ausgeschlossenen ist zwar konsequent, da sonst der Gemeinschaftsentzug nicht durchsetzbar ist; aber in ihrer Härte für die Brüder überfordernd.

27 Wie der Abt um die Ausgeschlossenen besorgt sein soll

Kap. 27 ergänzt die beiden vorangehenden Kapitel in menschlicher Weise; insbesondere durch Bezugnahme auf die Verantwortung des Abts für die Ausgeschlossenen. Leitmotiv ist die Erzielung einer inneren Umkehr.

1 Der Abt muß mit großem Eifer um die Brüder besorgt sein, die sich verfehlt haben; denn nicht die Gesunden brauchen den Arzt, sondern die Kranken.

1 "Nicht die Gesunden brauchen den Arzt, sondern die Kranken."[174] entspricht dem 'Exception Management'. Der Verantwortliche soll mit seinen begrenzten Kräften vor allem dort eingreifen, wo etwas schiefläuft; wo seine Hilfe am dringendsten gebraucht wird.

Dies gilt genauso in einer Gemeinde oder in einem Betrieb: Ich darf niemand der 'mir Anvertrauten'[175] aufgeben.

2 Deshalb muß er wie ein erfahrener Arzt alle Mittel anwenden; er soll Senpekten vorschikken, das heißt ältere und erfahrene Brüder, 3 die unter vier Augen dem schwankenden Bruder freundlich zureden und versuchen, ihn zu demütiger Genugtuung zu bewegen; sie sollen ihm freundlich zureden, damit er nicht in übermäßiger Trauer versinkt.

2 Das Krisenmanagement "wie ein erfahrener Arzt" im Kloster, in einer Gemeinde, in einem Betrieb, setzt Erfahrung, Gespür für Situationen, für die psychische Lage aller Betroffenen voraus.

Daraus ergeben sich hohe Anforderungen an den Verantwortlichen wie: Lernbereitschaft, Kompetenz, Bereitschaft zur Übernahme von Verantwortung, Konsequenz beim Handeln, Ernstnehmen des anderen,... Diese Eigenschaften sind für einen guten Arzt, Manager, Abt[176] gleichermaßen erforderlich.

3 Eine ernste und liebevolle Beratung unter vier Augen ist wichtig zur Vorbereitung einer Umkehr und dazu, ein 'Sich-Einkapseln' ("Versinken in übermäßige Trauer") zu vermeiden.

"Übermäßige Trauer" kann dann auftreten, wenn gegenüber der Strafe der Kommunikationsbeschränkung das Gefühl des Liebesentzuges vorwiegt; dann sinkt die Chance der Umkehr.

Diese Situation entspricht den Aussagen: 'Es mag mich ja doch keiner, es ist alles sinnlos...'[177]

4 Wie der Apostel sagt, soll man ihm gegenüber vielmehr die Liebe walten lassen, und alle sollen für ihn beten.

4 betont die Aufrechterhaltung der Liebesbeziehung. Dabei ergibt sich allerdings die schwierige Aufgabe, dies dem Ausgeschlossenen erfahrbar zu machen; daher die Erwähnung der "erfahrenen Brüder". "Alle sollen für ihn beten" relativiert die negative Aussage in 25,6 (Segensverbot).

Man sollte einen Unterschied machen zwischen den wegen ihrer Fehler Ausgeschlossenen und denen, die aus Enttäuschung mit der Gemeinde in Isolation geraten und schließlich wegbleiben. Mit dieser zweiten Gruppe rechnet BENEDIKT offensichtlich nicht.

Sein Kloster ist auf einer viel stärkeren Verbindlichkeit aufgebaut als eine 'in der Welt' lebende christliche Gemeinde. Dort ist das unauffällige traurige Wegbleiben viel leichter möglich.

Die Sorge für beide Gruppen ist eine gleich ernste Aufgabe. Auch in unseren Gemeinden darf niemand, auch durch unsere Schuld, in "übermäßige Trauer versinken".

Auch in Betrieben ist es nicht damit getan, eine Verwarnung auszusprechen, und später diesen Mitarbeiter[178] zu kündigen.

5 Der Abt muß sich nämlich große Mühe geben und mit Umsicht und Beharrlichkeit alles daransetzen, um keines der ihm anvertrauten Schafe zu verlieren.

5 In einer Firma ist es Aufgabe der Teammitglieder, des Betriebsrats und des Chefs, zu beraten, und bei der Konfliktklärung zu helfen, um vermeidbare Trennungen unnötig zu machen.

6 Er muß nämlich wissen, daß er die Sorge für kranke Seelen, nicht die Gewaltherrschaft über gesunde übernommen hat.

6 "Sorge für kranke Seelen, nicht die Gewaltherrschaft über gesunde" ist ganz ähnlich zur Aussage:[179] 'nicht Herren eures Glaubens, sondern Diener eurer Freude.' BENEDIKT's 'Chef' ist viel eher vom Dienst an den 'ihm Anvertrauten' als von der 'Gewaltherrschaft' (Autokratie) geprägt.

7 Und er fürchte das Drohwort, das Gott durch den Propheten spricht: Was euch fett schien, habt ihr für euch genommen, und was schwach war, habt ihr weggeworfen. 8 Auch ahme er den guten Hirten nach, der das Beispiel treuer Liebe gab; er ließ die neunundneunzig Schafe in den

Bergen zurück und machte sich auf, um das eine verirrte Schaf zu suchen.

8 Auch hier das 'Exception Management'.

9 Er hatte solches Mitleid mit dessen Schwäche, daß er es huldvoll auf seine heiligen Schultern nahm und so zur Herde zurücktrug.

Die Kapitel 23-26 einerseits und 27 andererseits zeigen wieder gute Beispiele für einen Grundzug BENEDIKT's: zuerst harte Forderungen aufzustellen (ein Idealverhalten vorzugeben) und diese dann in menschlicher Weise (mit den Grenzen des Menschen rechnend) zu relativieren.
Dieses "rechte Maß" verhindert einerseits Überforderungen,[180] andererseits aber auch Schlamperei.

28 Von denen, die sich trotz öfterer Zurechtweisung nicht bessern wollen

Kap. 28 beschreibt ein sehr differenziertes Verhalten gegenüber Problemfällen, das nicht nur auf die menschlichen Möglichkeiten vertraut; vielmehr wird das Gebet als letztes und stärkstes "Heilmittel" angesehen.

1 Wenn ein Bruder wegen irgendeines Vergehens öfter zurechtgewiesen und sogar ausgeschlossen wurde und sich dennoch nicht bessert, komme eine noch schärfere Strafe hinzu, das heißt, man gehe mit Rutenschlägen gegen ihn vor.

1 Eigenartig ist hier, daß BENEDIKT Rutenschläge als härtere Strafe gegenüber der Ausschliessung sieht. Dies ist ein gewisser Widerspruch zu 23,4-5. Ich würde den Entzug der Gemeinschaft für härter halten.

2 Bessert er sich auch so nicht, oder will er sogar, was Gott verhüte, in Stolz und Hochmut sein Tun verteidigen, dann mache es der Abt wie ein erfahrener Arzt:

2 Hier liegt der Hauptfehler nicht mehr im ursprünglichen Fehlverhalten, sondern im Hochmut oder im sich selbst als Maß setzen.
Das 'sture' Beharren im Fehler, das 'Nicht-Nachgeben-Können' ist nun das Hauptproblem.

Hier spielen Motive wie: 'Das Gesicht nicht verlieren' oder 'Trotzhaltungen', wie beim kleinen Kind, eine wesentliche Rolle.

3 Wenn er alles versucht hat: Umschläge, Salben der Ermahnungen, das Heilmittel der göttlichen

Schriften, zuletzt das Brennmittel der Ausschließung und der Stockschläge, 4 dann aber sieht, daß seine Mühe nichts fruchtet, so greife er zu einem wirksameren Mittel: Er selbst und alle Brüder sollen für ihn beten, 5 damit der Herr, der alles vermag, den kranken Bruder wieder gesund macht.

4 Das Gebet als wirksamstes, letztes Mittel im schweren Konfliktfall setzt den Glauben und das Vertrauen darauf voraus, daß Gott helfen kann.
Glauben wir aber nicht meist, den Konflikt mit ausschließlich menschlichen Mitteln lösen zu müssen? Dies ist ein Indiz für Vertrauensschwäche! Das heißt aber nicht, daß ich mich nicht selbst mit ganzer Kraft um die Konfliktlösung bemühen muß; ich kann dabei aber annehmen, daß ich nicht alleingelassen bin.
Das Gebet in solcher Situation darf kein Formalakt sein, sondern muß in ernster Sorge und Vertrauen von allen Brüdern unbedingt ernstgenommen werden; sie müssen sich dabei ihrer Verantwortung so bewußt sein wie ein Arzt, der eine Operation auf Leben und Tod durchführt.
Er selbst und alle Brüder sollen für ihn beten." Ein derartiger Konflikt ist nicht nur Sache des 'Beschuldigten' und des 'Richters', sondern betrifft die ganze Gemeinde.
Jede Schuld, jeder Konflikt belastet die ganze Gemeinde; die Umkehr, die Konfliktbewältigung befreit die ganze Gemeinde.
Die Wiederversöhnung ist ein Fest aller!

6 Erst wenn auch so keine Heilung eintritt, greife der Abt zum Messer, um abzuschneiden, wie der Apostel sagt: Schafft den Bösen fort aus eurer Mitte! 7 Er sagt auch: Wenn der Ungläubige weggehen will, dann soll er gehen, 8 damit nicht ein räudiges Schaf die ganze Herde verseucht.

8 Das Wohl des einzelnen wird hier am Überleben der Gemeinschaft, im Sinne einer Güterabwägung, relativiert. Diese Verantwortung kann keinem Chef, keiner Entscheidungsinstanz abgenommen werden.
Wie kann man vermeiden, in einer solchen Situation Unrecht zu tun; froh zu sein, daß der 'Lästige' weg ist...?
Nützlich ist der Ratschlag des IGNATIUS v. L.,[181] bei der 'Unterscheidung der Geister' zu prüfen, ob nach der Entscheidung eine gelassene Ruhe oder Rastlosigkeit vorherrscht?
Sünde wird in 28,7 als 'geistige Umweltbelastung' für die ganze Gemeinde verstanden.

29 Die Wiederaufnahme von Brüdern, die das Kloster verlassen

Erst nach mehrmaligem schwerem Versagen erfolgt die endgültige Trennung als Schutz für die Gemeinschaft.

1 Wenn ein Bruder aus eigener Schuld das Kloster verlassen hat und dann wieder zurückkehren will, so muß er zuerst versprechen, sich in dem Fehler völlig zu bessern, der Anlaß zu seinem Austritt war.

2 Dann nimmt man ihn wieder auf, stellt ihn aber an den letzten Platz, um dadurch seine Demut zu prüfen.

3 Wenn er nochmals weggeht, wird er in der gleichen Weise bis zu drei Malen wieder aufgenommen; danach aber muß er wissen, daß ihm keinerlei Möglichkeit mehr gegeben wird, ins Kloster zurückzukehren.

1-3 spricht lange kein endgültiges Urteil: bis zu dreimalige Wiederaufnahme, allerdings unter der Voraussetzung der Umkehrbereitschaft.[182]

3 hat den Charakter einer 'Notbremse', bedingt durch die Belastbarkeitsgrenzen einzelner und der Gemeinschaft.

30 Wie minderjährige Knaben bestraft werden sollen

Kap. 30 kann heute nicht mehr akzeptiert werden. Menschen, die noch nicht die nötige Reife haben, sollen nicht endgültig verbindlich in eine Gemeinschaft eingegliedert werden.[183] Damit fallen die in Kap. 30 genannten Strafbestimmungen weg.
Ähnliche Überlegungen gelten hinsichtlich der Kindertaufe und der Firmung von Jugendlichen, die den Sinn dieser Sakramente und die damit übernommene Verantwortung noch nicht begreifen können. Auch hier sollte eine reife Entscheidung vorangehen; zumindest sollte diese nach Erreichen entsprechender Reife bewußt und explizit nachvollzogen werden.

1 Jede Alters- und Erkenntnisstufe verlangt die ihr entsprechende Behandlung. 2 Sooft sich daher Kinder und Jugendliche verfehlen oder auch Erwachsene, die nicht recht begreifen können, was für eine schwere Strafe die Ausschließung ist, 3 bestraft man sie mit strengem Fasten oder züchtigt sie mit harten Schlägen, damit sie geheilt werden.

3 Körperliche Strafen bei 'zurückgebliebenen' Erwachsenen sind kein 'Heilmittel' und daher abzulehnen.

31 Die Eigenschaften des Cellerars des Klosters

Die Verwaltung der materiellen Bedürfnisse einer Gemeinschaft erfordert zuverlässige und verantwortungsbewußte Menschen, die diese Aufgabe als Dienst und nicht zur Machtausübung übernehmen.

1 Zum Cellerar des Klosters wählt man einen aus der Gemeinschaft aus, der lebenserfahren ist und einen reifen Charakter hat, der nüchtern und kein großer Esser ist, nicht hochmütig, nicht aufgeregt, nicht grob, nicht umständlich, nicht verschwenderisch, 2 der vielmehr Gott fürchtet. Er soll für die ganze Klostergemeinde wie ein Vater sein.

1 Der Cellerar ist Manager (Prokurist) des Klosters. Die hier beschriebenen Eigenschaften sind:

Erfahrung, Selbstdisziplin, Reife,[184] sich nicht in den Vordergrund schieben und nicht in Positionskämpfe verwickeln lassen, Ausgeglichenheit,[185] differenziertes Verhalten[186], die Übersicht bewahren, nicht verschwenderisch sein.

2 Das Ganze sieht der Cellerar unter einem übergeordneten Ziel, mit dem er sich identifiziert; hier der Gottesfurcht.

3 Er soll Sorge tragen für alles.

3 "Sorge (cura) tragen" ist die Funktion des Prokuristen; er ist aber nicht der Gesamtleiter (zweite Führungsebene).

4 Nichts soll er ohne Auftrag des Abtes tun. 5 Er soll sich an die erteilten Anweisungen halten. 6 Er soll die Brüder nicht betrüben.
7 Falls ein Bruder unvernünftige Wünsche vorbringt, dann soll er ihn nicht betrüben, indem er ihn mit Verachtung zurückweist, sondern diese ungehörige Bitte mit Angabe des Grundes bescheiden ablehnen.

6-7 Nicht "betrüben" ist ein Grundmotiv der RB, das sich an vielen Stellen immer wieder findet.

Die Ablehnung eines (unvernünftigen) Wunsches soll auf sachlicher Ebene mit Begründung erfolgen. Sie soll den Abgewiesenen nicht in seiner Person angreifen oder als unvernünftig bloßstellen.

Der Entscheidende soll bei seiner Antwort auf die (auch psychischen) Bedürfnisse seines Partners eingehen.

Wenn unvernünftige Wünsche nicht mit Verachtung, sondern mit sachlicher Begründung abgewiesen werden, verliert der Partner nicht das 'Gesicht'. Aus einer sachlichen Abweisung wird dann nicht so leicht ein persönlicher emotioneller Konflikt.

8 Er soll über seine Seele wachen, stets eingedenk des Apostelwortes: Wer seinen Dienst gut versieht, erlangt einen hohen Rang. 9 Er sorge unermüdlich für die Kranken, Kinder, Gäste und Armen, in der festen Überzeugung, daß er am Tag des Gerichtes für diese Rechenschaft ablegen muß.

9 Sehr starke Betonung der sozialen Verpflichtungen des Verwalters.

10 Alles Gerät und die ganze Habe des Klosters soll er als heiliges Altargerät betrachten. 11 Nichts soll er nachlässig behandeln.
12 Er soll nicht dem Geiz ergeben, aber auch kein Verschwender und Vergeuder des klösterlichen Besitzes sein, sondern in allem Maß halten und die Weisungen des Abtes befolgen.

10-12 "Nichts soll er nachlässig behandeln" bedeutet eine 'Ehrfurcht vor den Dingen', die sich der Verantwortung für die Dinge unserer Umwelt bewußt ist; daher auch die zusätzliche Betonung durch: "als heiliges Altargerät".
Sparsamer Gebrauch; weder Verschwendung noch geiziges Horten. Wieder das Motiv des Maßhaltens!

Das ist eigentlich 'grünes Gedankengut', das das Überleben in Mangelsituationen erleichtert.

13 Vor allem muß er demütig sein. Kann er einem [Bruder] nichts geben, dann gebe er ihm wenigstens eine freundliche Antwort. 14 Es steht ja geschrieben: Ein freundliches Wort geht über die beste Gabe.

13-14 Bei Ablehnung (hier sinnvoller Wünsche) soll die Kommunikation nicht belastet werden.[187]

15 Er hat die Verantwortung für alles, was ihm der Abt aufträgt. In Dinge, die der Abt ihm vorenthalten hat, mische er sich nicht ein.

15 betont den 'Kompetenzumfang' und damit die Grenzen der Verantwortung des Cellerars, der sich nicht überall einmischen soll.

Allerdings sollte auch der Abt nicht mißtrauisch in den Aufgabenbereich des Cellerars 'hineinregieren'.[188]

Derartige 'Kompetenzüberschneidungen' bei unklarer Delegation von Aufgaben und Verantwortung sind eine Quelle von Streitigkeiten, nicht nur im Kloster, sondern auch in Betrieben, Ämtern, usw.[189]

16 Er gebe den Brüdern das festgesetzte Maß an Speise und Trank, ohne sie von oben herab zu behandeln oder warten zu lassen. Er könnte sie sonst zum Zorn verleiten. Er bedenke, was nach Gottes Wort der verdient, der einen der Kleinen zum Zorn verleitet.

16 Man kann durch die Art, in der man jemand sein ihm zustehendes Recht gibt, massiv Macht ausüben und (im schlechten Sinn) 'demütigen'. Es ist eine weitverbreitete Unsitte von 'Chefs', ihre Position auszuspielen, indem sie jemand wie einen Bittsteller warten lassen, oder z.B. durch die Gestaltung von Direktionsbüros erdrücken.
Er "...könnte sie sonst zum Zorn verleiten..."[190] Unter solchen Voraussetzungen kann keine partnerschaftliche Gemeinschaft bestehen, sondern nur eine Ordnung durch Unterdrückung!

17 Wenn die Klostergemeinde größer ist, soll man ihm Gehilfen geben. Mit ihrer Unterstützung kann er das ihm anvertraute Amt verwalten, ohne den Frieden der Seele zu verlieren.

17 Niemand überlasten! Es soll niemand von seinen Tagesaufgaben 'aufgefressen' werden und dabei "den Frieden der Seele verlieren."[191] Fallweise kann diese Überlastung selbstgewählt sein; dann muß, als Hilfe zum inneren Frieden, der Vorgesetzte[192] regulierend, einschränkend eingreifen.

Das 'niemand überlasten' ist auch in 'weltlichen' christlichen Gemeinden oder sonst bei ehrenamtlichen Funktionären ('Multifunktionären') wichtig, da dann die jeweilige Tätigkeit zusätzlich zur Berufsarbeit und Familie auftritt. Es finden sich ja immer wieder 'Dumme',[193] die zu jeder Anfrage ja sagen, und so, oft unbeabsichtigt, von anderen ausgenützt werden, bis sie Schaden[194] leiden oder zusammenbrechen.
Auch hier hat die oberste Leitung hohe Verantwortung.

18 Zur bestimmten Zeit gebe man, was zu geben, und erbitte man, was zu erbitten ist, 19 damit im Haus Gottes niemand verwirrt oder traurig wird.

18-19 Die Einführung von 'Dienststunden' vermeidet unnötige Arbeitsunterbrechungen und ermöglicht durch Konzentration auf jeweils bestimmte Arbeiten effizienteres Vorgehen. Doch darf dies nicht unmenschlich gehandhabt werden, z.B. durch stures Beharren auf Dienstzeiten auch in Notfällen, damit "niemand verwirrt oder traurig wird."

32 Die Werkzeuge und die Habe des Klosters

Die Verantwortung für das Eigentum der Gemeinschaft erfordert Zuverlässigkeit, ja 'Ehrfurcht vor den Dingen'.

1 Den Besitz des Klosters an Werkzeugen, Kleidern und sonstiger Habe soll der Abt Brüdern anvertrauen, auf deren Leben und Charakter er sich verlassen kann.

1 Die ordnungsgemäße Verwaltung von Gütern erfordert Charaktereigenschaften wie Genauigkeit und Korrektheit, die nicht jeder hat.[195]

2 Er soll ihnen, wie er es für zweckmäßig hält, die verschiedenen Sachen zuweisen, die sie aufzubewahren und wieder einzufordern haben. 3 Von diesen Sachen soll der Abt eine Liste haben, damit er weiß, was er ausgibt und was er zurückbekommt, wenn die Brüder an ihren Arbeitsplätzen einander ablösen.

3 BENEDIKT verlangt schon im 6. Jahrhundert ein 'Inventarverzeichnis', das laufend durch Aufzeichnungen über Aus- und Rückgabe aktualisiert wird.

BENEDIKT setzt hier, wie auch in den folgenden Kapiteln, Gemeinschaftseigentum wie in den christlichen Urgemeinden[196] voraus.

4 Wenn einer die Sachen des Klosters verschmutzen läßt oder nicht in Ordnung hält, werde er zurechtgewiesen.

4 Das Gefühl der Verantwortung für das Gemeinschaftseigentum ist nicht selbstverständlich.
Das gilt insbesondere dann, wenn man sich eine Gemeinschaft[197] nicht selbst ausgesucht hat: z.B. den Staat, eine kommunistische Gesellschaft, teilweise auch einen Betrieb. Dann kommt es leicht zu Aussagen wie: 'Das gehört ja nur dem Staat, der Firma,...' mit den entsprechenden Konsequenzen geringerer Pflege oder gar der widerrechtlichen Aneignung.

5 Bessert er sich nicht, dann treffe ihn die in der Regel festgesetzte Strafe.

33 Dürfen die Mönche Eigentum haben

Hauptmotiv dieses Kapitels ist, kein Privateigentum zu haben, aber alles Notwendige erwarten zu dürfen.

1 Vor allem dieses Laster muß im Kloster mit der Wurzel ausgerottet werden. 2 Keiner darf sich

herausnehmen, ohne Erlaubnis des Abtes etwas zu verschenken oder anzunehmen 3 oder etwas als Eigentum zu besitzen, durchaus nichts: kein Buch, keine Schreibtafel, keinen Griffel, überhaupt gar nichts; 4 sie haben ja nicht einmal das Recht, über ihren Leib und ihren Willen frei zu verfügen. 5 Alles Notwendige aber dürfen sie vom Vater des Klosters erwarten, und es ist ihnen nicht erlaubt, etwas zu besitzen, was der Abt nicht gegeben oder gestattet hat.

1-5 Die 'Sucht' nach Besitz versklavt. Das hat durchaus mit Sucht im medizinischen Sinn zu tun:

Tendenz zu immer größeren Dosen, Entzugserscheinungen, Einengung des Denkens auf das Suchtmittel,...

Schafft es jemand, sich so frei zu machen, daß er sagen kann: 'Das Notwendige erhalte ich, wozu soll ich dann nach mehr materiellem Besitz streben?', dann wird er frei für anderes; der Besitz wird relativiert.

Ein Problem liegt darin, wie weise der Abt, bzw. die Gemeinde- oder Betriebsleitung bei der Beurteilung ist, was notwendig ist.[198] In einer guten Gemeinschaft ist es dabei selbstverständlich, daß sich auch der Abt, bzw. die Mitglieder des Leitungsgremiums dieser Regelung unterwerfen, und nicht, wie es immer wieder vorkommt, sich zusätzlichen Luxus erlauben. Auf diese Weise würde eine Kaste der 'Gleicheren'[199] gebildet und die Gemeinschaft der Brüder zerstört.

Wie kann man das Notwendige außerhalb von Kleingruppen, in denen sich alle kennen, gerecht bestimmen? Wieweit darf ich jemand das, was ich für ihn als notwendig (das 'Beste') halte, aufzwingen?

Diese Aufgabe des 'Sich-Hineindenkens' wird gegenüber fremden Gruppen oder Kulturen noch schwieriger und stellt u.a. ein wesentliches Problem der Entwicklungshilfe dar.

Wieweit verfälschen der eigene Kulturkreis und oft durchaus unbewußte persönliche Vorurteile solche Entscheidungen?
4 "Nicht einmal das Recht, über ihren Leib und ihren Willen frei zu verfügen..." halte ich in dieser Extremformulierung für übertrieben; wenngleich in jeder Gemeinschaft die Willensfreiheit durch freie Übernahme von Verpflichtungen (einer Regel) eingeschränkt ist.
Bei Mißbrauch könnte dies aber in Sklaverei enden!
Die gleiche Handlungsweise kann ja, je nach innerer Einstellung, bzw. je nach Vorhandensein oder

Fehlen von äußerem Zwang, einmal als Sklaverei, ein anderes Mal als frei übernommene Verpflichtung empfunden werden.
5 "Alles Notwendige dürfen sie erwarten..." Sie müssen sich nicht darum 'sorgen'; können sich darauf verlassen.

6 Alles sei allen gemeinsam, wie es in der Schrift heißt, so daß keiner etwas sein Eigentum nennt oder es als solches beansprucht.

6 Ein 'kollektiver Reichtum' einer Institution bei gleichzeitiger persönlicher Besitzlosigkeit kann deren Glaubwürdigkeit und Überzeugungskraft gegenüber einer oft ärmeren Umgebung wesentlich in Frage stellen. Die 'Bereitschaft zum Teilen' müßte heute global gelten; unabhängig von Gruppen-, wirtschaftlichen und politischen Grenzen. Da dazu aber auch die Haltung, nicht mehr zu beanspruchen, als man wirklich braucht, Voraussetzung ist[200], liegt noch ein weiter Weg vor einer Menschheit, in der Besitz nicht mehr über Wert oder Unwert eines Menschen entscheidet.[201]

7 Stellt sich heraus, daß einer an diesem ganz üblen Laster Gefallen findet, dann werde er einmal und ein zweites Mal verwarnt.
8 Bessert er sich nicht, so werde er bestraft.

7-8 Wenn auch BENEDIKT die 'Besitzsucht' ein "ganz übles Laster" nennt, darf der Vorgesetzte unter dem Vorwand, dieses Laster zu bekämpfen, nicht schikanieren.

34 Sollen alle in gleichem Maß das Notwendige erhalten?

Das 'Notwendige' kann nicht abstrakt bestimmt werden; es orientiert sich am einzelnen Menschen, ohne 'Statussymbole' zu schaffen.

1 Wie es in der Schrift heißt: Jedem wurde zugeteilt, was er nötig hatte.

1 Diese schon in Apg. 4,35 formulierte Aussage steht lange vor den gleichlautenden Texten von Marx schon in der RB.[202]

2 Damit wollen wir nicht sagen, daß es ein Ansehen der Person geben darf, was Gott verhüte, sondern daß man auf die verschiedenen Schwächen Rücksicht nimmt.

2 Das Kriterium für das 'Nötige' ist hier nicht das "Ansehen der Person", sondern die Rücksicht auf die menschlichen Schwächen und Grenzen.
Damit werden 'Statussymbole' abgelehnt, die keinen wirklichen Bedürfnissen entsprechen.

Statussymbole sollen ja Macht, Besitz,... dokumentieren[203] und den 'Partner' zur Unterwerfung auffordern.

Sie haben daher in humanen Betrieben und besonders in christlichen Gemeinschaften und in der Gesamtkirche, auch in ihrer Leitung, keinen Platz.

3 Wer also weniger braucht, danke Gott und sei nicht traurig; 4 wer aber mehr braucht, demütige sich wegen seiner Schwäche und überhebe sich nicht wegen der Vergünstigung.

5 Auf diese Weise bleiben alle Glieder in Frieden.

3-5 Weder aus dem erreichten Grad der Bedürfnislosigkeit,[204] noch aus größeren Bedürfnissen darf eine Rangordnung abgeleitet werden, damit "alle Glieder in Frieden" bleiben.[205]

BENEDIKT ist dieser Friede wichtig; dann kann auch die Fehlhaltung des 'Murrens' kaum entstehen.

6 Vor allem zeige sich nie das Laster des Murrens aus irgendeinem Grund, in irgendeinem Wort oder nur in einer Andeutung.

7 Sollte es aber festgestellt werden, so muß der Betreffende sehr streng bestraft werden.

35 Der Wochendienst in der Küche

In einer Gemeinde soll es nicht zwei Klassen geben: Herrschende und Dienende. Der "gegenseitige" Dienst ist daher Schwerpunkt dieses Kapitels.

1 Die Brüder dienen sich gegenseitig, und keiner ist vom Dienst in der Küche entschuldigt, außer er ist krank oder durch eine besonders wichtige Aufgabe beansprucht; 2 denn dieser Dienst hat großen Lohn und vermehrt die Liebe.

1 Kein 'Sich-Drücken' vor unangenehmen und 'niedrigen' Aufgaben![206] Ist der in Kap. 35 beschriebene (nahezu ausnahmslose) Turnusdienst der einzige Weg, oder könnte eine (ehrliche, nicht vorgetäuschte) Gleichachtung aller für die Gemeinschaft nötigen Tätigkeiten einen Ausweg bieten?
Eine arbeitsteilige Gesellschaft[207] braucht vermutlich diesen zweiten Weg.
Doch wiederum: Putzen oder sonstige 'Dreckarbeit' kann fast jeder. Sollten dann die einen 'höheren Dienst' ausführenden Brüder[208] nicht wenigstens zeitweise, aus freiem Entschluß, diese Last als Dienst an der Gemeinschaft auf sich nehmen?[209] Das würde die Atmosphäre wesentlich verbessern

und Aussagen wie: 'Der ist sich für diese Arbeit zu gut...' vermeiden.

3 Den Schwachen soll man Gehilfen geben, damit sie ihren Dienst ohne Traurigkeit verrichten.
4 Überhaupt soll jeder Hilfe erhalten, wie es die Größe der Klostergemeinde und die örtliche Lage erfordern.

3-4 Niemand überfordern, ohne "Traurigkeit" dienen; Traurigkeit würde die Last nur vergrößern.

5 Ist die Klostergemeinde größer, dann ist der Cellerar vom Küchendienst entschuldigt, ebenso, wie gesagt, wer durch wichtigere Aufgaben beansprucht ist. 6 Die übrigen sollen einander in Liebe dienen.

6 nimmt das Motto wieder auf: "einander in Liebe dienen."

7 Wer den Wochendienst beendet, besorgt am Samstag das Reinemachen. 8 Sie waschen die Tücher, mit denen sich die Brüder Hände und Füße abtrocknen.
9 Der Bruder, der den Wochendienst beendet, wäscht zusammen mit dem Bruder, der den Dienst beginnt, allen die Füße.
10 Er gibt das zu seinem Dienst gehörende Gerät sauber und ordentlich dem Cellerar zurück.
11 Der Cellerar wiederum übergibt es dem, der den Dienst antritt. So weiß er, was er ausgibt und was er zurückerhält.

7-11 Auch bei BENEDIKT scheint der Küchen- und Putzdienst ein besonderes Problem gewesen zu sein, da er diese Dienste so ausführlich behandelt.

Interessant ist, daß wohl der Cellerar, nicht aber der Abt ausdrücklich vom Küchendienst ausgenommen wird. Ist das Zufall?
10-11 Hier wird die Übergabe der Verantwortung, die Rückgabe der (sauberen) Geräte, genau geregelt, um kleinliche Streitigkeiten: 'Wer hat mir diesen Dreck zurückgelassen?' zu vermeiden.

12 Die Brüder, die den Wochendienst versehen, bekommen an Tagen mit nur einer Mahlzeit über die festgesetzte Nahrung hinaus vorher etwas zu trinken und ein Stück Brot, 13 damit sie ihren Brüdern bei der Mahlzeit ohne Murren und große Mühe dienen können. 14 An den Nicht-Fasttagen warten sie bis zum Schluß.

15 Die Brüder, die den Wochendienst beginnen und die ihn beenden, verbeugen sich gleich nach der Morgenfeier am Sonntag im Oratorium tief vor allen und bitten um das Gebet.

16 Wer den Wochendienst beendet, spricht folgenden Vers: Gepriesen bist du, Herr, unser Gott, weil du mir geholfen und mich getröstet hast. 17 Diesen Vers spricht er dreimal; dann erhält er den Segen, und sein Dienst ist beendet. Anschließend spricht der Bruder, der den Dienst beginnt: Gott, komm mir zu Hilfe; eile Herr, mir zu helfen! 18 Alle wiederholen dreimal diesen Vers; dann erhält der Bruder den Segen und beginnt seinen Dienst.

15-18 Der "Wochendienst" beginnt und endet ausdrücklich mit einem Segensgebet; er wird damit in den Rahmen des allgemeinen Gottesdienstes[210] gestellt. Auch Paulus zählt diese 'niedrigen' Arbeiten zu den Charismen.[211]

16-17 entspricht einer formellen Entlastung von einer Aufgabe, der in 35,18 die entsprechende Aufgabenübernahme durch den Nachfolger entspricht.

36 Die kranken Brüder

In einer echt menschlichen oder christlichen Gemeinschaft dürfen Kranke oder sonstwie Behinderte nicht als Randgruppen 'verdrängt' werden. Sie sollen soweit als möglich in der Gemeinschaft integriert bleiben.

1 Die Sorge für die Kranken steht vor und über allen anderen Pflichten. Man soll ihnen wirklich wie Christus dienen. 2 Er hat ja gesagt: Ich war krank, und ihr habt mich besucht, 3 und: Was ihr für einen meiner geringsten Brüder getan habt, das habt ihr für mich getan.

1-3 Dies ist eine klare Antithese zu unserer 'Gesellschaft der Gesunden und Leistungsfähigen'.

Wir neigen allzu leicht dazu, alles, was an Schwäche, Zerfall und letztlich Tod erinnert, zu verdrängen. Die damit verbundene versteckte Angst führt zur Überkompensation durch einen Jugend- und Schönheitskult.

Die ehrliche, auch praktische Auseinandersetzung mit Schwachen, Kranken, ja Sterbenden kann ein Weg aus dieser neurotischen Zwangshaltung sein, und dazu helfen, auch mit den eigenen Schwächen, dem eigenen Ende ehrlicher umzugehen.

Ob dies unter Bezugnahme auf die Bibel: "Wie Christus dienen. Ich war krank, und ihr habt mich besucht," oder aus der Haltung einer reifen Persönlichkeit (ohne Bezugnahme auf Gott) geschieht, kann dem einzelnen überlassen bleiben, führt aber in jedem Fall zu einer weniger neurotischen, angstfreieren Gesellschaft.

4 Aber auch die Kranken müssen bedenken, daß man ihnen dient, um Gott zu ehren, und sie dürfen die Brüder, die ihnen dienen, nicht durch ihre Ansprüche betrüben.

4 "Daß man ihnen dient, um Gott zu ehren," kann leicht mißverstanden werden. Hier kommt der Dienst am 'Nächsten' um seiner selbst willen zu kurz. Der kranke Bruder wäre dann nicht Subjekt (Mensch), sondern Objekt und Hilfsmittel zur Übung der Gottesliebe.
Wichtig ist der Hinweis, daß die Kranken, die bedient werden, die "die ihnen dienen, nicht durch ihre Ansprüche betrüben dürfen".
"Die Kranken müssen bedenken..." kann als Anregung verstanden werden, als Kranker nicht zu 'regredieren', nicht mehr als nötig unselbständig und in weiterer Folge den Pflegern und Ärzten lästig zu werden, sie durch "Ansprüche zu betrüben".

5 Doch muß man solche Kranke in Geduld ertragen; denn an ihnen erwirbt man reicheren Lohn.

5 'Lästige' Kranke sollen in "Geduld ertragen" werden.
Fraglich scheint mir aber die Begründung: "denn an ihnen erwirbt man reicheren Lohn." Gott gegenüber kann ein Mensch keinen Anspruch erwerben; er ist immer auf sein Geschenk, seine Gnade angewiesen, auf die er sich allerdings (ob als 'Heiliger' oder 'Verbrecher') fest verlassen kann. Er kann sie aber, trotz dieser 'Gewißheit', annehmen oder ablehnen.

6 Es soll also die oberste Sorge des Abtes sein, daß sie nicht vernachlässigt werden.

6 betont die "oberste Sorge des Abtes" für die Schwachen.

Wie oft ist man in Betrieben, usw. froh, unter irgendeinem formalen Vorwand Schwache oder nur wenig Leistungsfähige[212] hinauszudrängen, sie abzuschieben. Auch in christlichen Gemeinden ist man manchmal (zu unrecht) froh, wenn der 'Störende' endlich wegbleibt.

7 Für die kranken Brüder werde ein eigener Raum bestimmt, und ein gottesfürchtiger, gewissenhafter und besorgter Pfleger soll ihnen dienen. 8 Man biete den Kranken die Gelegenheit, ein Bad zu nehmen, sooft es ihnen zuträglich ist. Doch den Gesunden und besonders den Jüngeren soll man die Erlaubnis dazu seltener geben. 9 Außerdem erlaube man den ganz schwachen Kranken zu ihrer Kräftigung den Genuß von Fleisch; doch sobald es ihnen besser geht, sollen alle, wie

es üblich ist, auf Fleischgenuß verzichten.

7-9 zeigt wieder bewußtes Eingehen auf menschliche Grenzen durch Erleichterungen, die der individuellen Situation des Betroffenen entsprechen.

10 Der Abt soll aber sehr darum besorgt sein, daß die Kranken vom Cellerar und von den Pflegern nicht vernachlässigt werden. Er ist für jeden Fehler verantwortlich, den die Jünger begehen.

10 Die Verantwortung des 'Chefs' wird wieder betont; er ist letztlich für alle Fehler, die "die Jünger begehen", verantwortlich.

37 Die Greise und Kinder

Auch hier steht die Sorge für die nicht mehr oder noch nicht Leistungsfähigen im Vordergrund.

1 Zwar neigt das natürliche Empfinden des Menschen schon von selbst zur Nachsicht gegenüber diesen Altersstufen, nämlich den Greisen und Kindern; dennoch soll auch die Regel mit ihrem Ansehen für sie sorgen. 2 Auf ihre Schwäche soll man immer Rücksicht nehmen; für ihre Nahrung gilt in keiner Weise die Strenge der Regel, 3 sondern man nehme liebevolle Rücksicht auf sie und lasse sie schon vor der festgesetzten Zeit essen.

1-2 Liebevolle Rücksicht gegenüber den Schwachen wird von menschlichem Verhalten anstelle 'starrer Normen' getragen. Dieser Grundsatz durchzieht, ohne Abstriche vom Grundsätzlichen, der "Strenge", zu machen, die ganze Regel.

Gegenüber Greisen oder sonstwie Schwachen ist dieses Kapitel auch heute gültig; nicht aber, was die Kinder betrifft. Eine Gemeinschaft, die auf verantwortete Mitgliedschaft aufbaut,[213] sollte keine noch nicht zur verantworteten Entscheidung fähigen Kinder aufnehmen.[214]

38 Der Wochendienst des Lesers

Gemeinsam zuhören können, den Brüdern wichtige Texte[215] vorlesen, sich in den Dienst dieser Texte stellen... Eine heute viel zu wenig gepflegte Kulturform!

1 Beim Tisch der Brüder darf die Lesung nie fehlen. Doch soll dort nicht der nächste beste das Buch nehmen und lesen, sondern der für die Woche bestimmte Leser beginne am Sonntag.

1 Die "Lesung", das Vorlesen, aber auch die private Auseinandersetzung mit wichtigen geistlichen und profanen Texten spielt bei BENEDIKT, nicht nur bei Tisch, sondern auch zu anderen Zeiten, eine wesentliche Rolle. Damit ist sicherlich nicht ein 'Überfliegen', ein 'diagonal Überlesen' gemeint, sondern ein 'Sich-vom-Text-herausfordern-lassen'.
Daher sollen auch nicht beliebige (oft unbedeutende) Texte verwendet werden, sondern solche, die dem Zuhörer, dem Leser, etwas Wichtiges zu sagen haben.

BENEDIKT gibt an mehreren Stellen detaillierte Hinweise darauf, was gelesen, bzw. vorgelesen werden sollte. Das wäre eine Anregung, das eigene Leseverhalten, das manchmal nur ein 'Zeittotschlagen' mit trivialen Zeitschriften oder Büchern ist, zu überdenken; dies insbesondere deshalb, um in der heutigen 'Informationsflut' nicht unterzugehen.

2 Wer den Dienst beginnt, bittet nach den Schlußgebeten und der Kommunion alle ums Gebet, damit Gott den Geist des Hochmuts von ihm fernhalte.

2 BENEDIKT spricht hier und an vielen anderen Stellen nicht von 'Funktionen' und 'Ämtern', sondern vom 'Dienst' für die Gemeinschaft.
Beginn und Ende aller Dienste werden durch das Gebet der Gemeinde eingerahmt. Jeder Dienst wird damit nicht nur auf die Gemeinde, sondern auf Gott bezogen.

Das könnte in analoger Form[216] auch in anderen, 'rein weltlichen', Gemeinschaften sinnvoll sein.
Wenn dies nicht zur leeren Form wird, kann es positiv motivieren und zur Gemeinschaftsstärkung beitragen.

3 Alle sprechen im Oratorium diesen Vers, den er selbst anstimmt: Herr öffne mir die Lippen, dann wird mein Mund deinen Ruhm verkünden.

2-3 "...den Geist des Hochmuts von ihm fernhalte" und "dann wird mein Mund deinen Ruhm verkünden." Es geht hier nicht um Selbstdarstellung,[217] sondern um die Verkündigung des zentralen Anliegens, hier den "Ruhm" Gottes.

Kein Dienst darf den Ausführenden in die Mitte stellen; vielmehr soll er sich mit der Gemeinschaft, der er in Liebe dient, in den Dienst an der gemeinsamen Sache stellen.

Hier wird auch der Unterschied vom endlichen Menschen zum unbedingt größeren Gott betont, auf den es letztlich ankommt.

4 Darauf erhält er den Segen und beginnt seinen Dienst als Leser.

5 Es soll tiefes Schweigen herrschen, so daß man kein Flüstern und keine Stimme hört außer der Stimme des Lesers allein. 6 Was die Brüder beim Essen und Trinken benötigen, reichen sie sich gegenseitig, so daß keiner um etwas zu bitten braucht. 7 Fehlt aber dennoch etwas, so bittet man darum eher mit irgendeinem vernehmbaren Zeichen als mit Worten.

6-7 Wird das Schweigegebot zur leeren Form, dann ist es sinnlos. Schweigen, mit konzentriertem Zuhören, kann genauso durch Flüstern wie durch Gestikulieren gebrochen werden.

38,6 könnte zu einer gruppendynamischen Übung anregen:
"Reichen sie sich gegenseitig, so daß keiner um etwas zu bitten braucht."

In einer echten Gemeinschaft könnte sich ein Gespür dafür entwickeln, was der andere gerade braucht. Dies wäre eine Form des Ernstnehmens, des Einfühlens, die als nonverbale Kommunikation das gegenseitige Vertrauen stärkt.

Natürlich müßte dies unter der nötigen Diskretion erfolgen, um dem anderen nicht zu nahe zu treten; ja ihn zu bevormunden.

Damit wäre neben der Sprache eine zweite Ebene der zwischenmenschlichen Kommunikation erschlossen; wobei sich beide Ebenen ergänzen können.

8 Niemand darf es wagen, über die Lesung oder sonst etwas eine Frage zu stellen, damit kein Anlaß [zum Reden] gegeben wird,
9 es sei denn, der Obere wolle zur Erbauung ein paar Worte sagen.

8 ist mir unverständlich, außer wenn damit nur eine störende Unterbrechung der Lesung gemeint ist. Ich halte es durchaus für sinnvoll, über das Vorgetragene zu sprechen;[218] auch um Verständnisprobleme aufzuklären.

10 Der Bruder, der den Wochendienst des Lesers versieht, bekommt vor Beginn des Lesens etwas Mischwein, wegen der heiligen Kommunion, und damit ihm das Fasten nicht zu beschwerlich ist. 11 Nachher ißt er dann mit den Küchen- und Tischdienern der Woche.
12 Die Brüder dürfen nicht der Reihe nach vorlesen und vorsingen, sondern nur solche, die ihre Zuhörer erbauen.

12 Man muß auch, ohne Murren, zur Kenntnis nehmen können, daß man für eine bestimmte Aufgabe

nicht geeignet ist, ohne darin gleich eine Gefährdung des Selbstwertes zu sehen.[219]

Nach christlichem Verständnis hängt der 'Wert' eines Menschen, den er sich ja selbst gar nicht geben kann,[220] nicht erst von seinen Verdiensten und Fähigkeiten ab.

39 Das Maß der Speise

Kap. 39 nimmt Rücksicht auf menschliche Schwächen; es werden keine 'sturen' Askeseforderungen aufgestellt, doch wird ausdrücklich vor jedem Übermaß gewarnt.

1 Wir glauben, daß zur täglichen Hauptmahlzeit, sei sie zur sechsten oder zur neunten Stunde, mit Rücksicht auf die verschiedenen Schwächen für jeden Tisch zwei gekochte Speisen genügen.

2 Wer von der einen Speise nicht essen kann, hat so die Möglichkeit, sich an der anderen zu sättigen. 3 Zwei gekochte Gerichte sollen also für alle Brüder genügen; ist noch Obst oder frisches Gemüse zu haben, so kann man noch ein drittes hinzugeben.

4 Ein gut gewogenes Pfund Brot genügt für den Tag, ob man nur einmal ißt [an Fasttagen] oder am Mittag und am Abend [an Nicht-Fasttagen]. 5 Gibt es auch ein Abendessen, so behalte der Cellerar ein Drittel von diesem Pfund zurück, um es den Brüdern am Abend zu geben.

6 War die Arbeit sehr anstrengend, so steht es im freien Ermessen des Abtes, etwas mehr zu gewähren, wenn es angebracht erscheint. 7 Doch muß vor allem die Unmäßigkeit vermieden werden, und nie darf der Mönch bis zur Übersättigung essen; 8 denn nichts verträgt sich so wenig mit jedem Christen wie die Unmässigkeit.

6-7 Leitmotiv ist das "rechte Maß", die Verantwortung des 'Chefs', das Notwendige oder bei Bedarf "etwas mehr" zuzuteilen; jedoch unter Vermeidung von "Unmäßigkeit".

8 Unmäßigkeit im Essen hat wie jede 'Sucht' mit der Angst zu tun, zu kurz zu kommen, und daher selbst 'raffen' zu müssen. Gerade diese Angst sollte bei einem Menschen wegfallen, der sich von Gott und den Brüdern geliebt weiß; der Vertrauen hat. Er wird damit frei von diesen Zwängen. So verstandene Askese ist kein Selbstzweck, sondern das frei gewählte Weglassen von Unnötigem.

9 Sagt doch unser Herr: Nehmt euch in acht, daß nicht euer Herz durch Unmäßigkeit beschwert wird.

9 Dies hat mit durch Unmäßigkeit bedingter 'Trägheit' und Unbeweglichkeit zu tun.

10 Den Knaben in jüngeren Jahren reiche man nicht das gleiche Maß wie den Erwachsenen, sondern etwas weniger; und man achte in allem auf Sparsamkeit.

10 "Man achte in allem auf Sparsamkeit" ist eine Aufforderung zum 'einfacher Leben'.

11 Auf den Genuß des Fleisches von vierfüßigen Tieren aber sollen alle vollständig verzichten, mit Ausnahme der ganz schwachen Kranken.

11 Das Fleischverbot gewinnt im Rahmen der Nahrungskrise neue Bedeutung. Auf dem Umweg über das Tier geht viel für Menschen geeignete Nahrung verloren.
Wieviel Futter ist für 1 kg Fleisch notwendig? Dies soll nicht wesentliche Nährstoffe (Eiweiß) vorenthalten, kann aber doch zu einer einfachen aber ausgewogenen Zusammenstellung der Nahrung anregen.

40 Das Maß des Getränks

Auch hier das 'rechte Maß' unter Berücksichtigung der örtlichen Gegebenheiten, sowie der verschiedenen menschlichen Bedürfnisse.

1 Jeder hat seine besondere Gabe von Gott, der eine diese, der andere jene. 2 Deshalb bestimmen wir nur mit einigem Bedenken das Maß der Nahrung für andere.

2 Keine starre Norm, keine selbstherrlich festgelegten harten Vorschriften.

3 Indessen glauben wir mit Rücksicht auf die Unzulänglichkeit der Schwachen, daß eine Hemina[221] Wein für jeden täglich reichen sollte. 4 Wem Gott aber die Kraft gibt, sich davon zu enthalten, der wisse, daß er einen besonderen Lohn empfangen wird.

4 Die Betonung eines Lohns für Askese scheint mir fraglich.[222]
Der Satz: "Wem Gott die Kraft gibt..." und "...besonderen Lohn empfangen." enthält einen Widerspruch. Für ein Geschenk kann ich keinen Lohn empfangen; bzw. ist der Lohn für eine lobwürdige Leistung kein Geschenk.

5 Sollten jedoch die Ortsverhältnisse, Arbeit oder Sommerhitze mehr fordern, so ist das dem Ermessen des Oberen überlassen; doch muß er immer darauf achten, daß nicht Sättigung oder Trunkenheit aufkommt. 6 Zwar

lesen wir, der Wein sei überhaupt nichts für Mönche; da man aber die Mönche unserer Zeit davon nicht überzeugen kann, sollten wir uns wenigstens dazu verstehen, nicht bis zur Sättigung zu trinken, sondern weniger; 7 denn der Wein bringt sogar die Weisen zum Abfall.

6 Wieder[223] Flexibilität und wieder Warnung vor dem Übermaß, "da man die Mönche unserer Zeit davon nicht überzeugen kann."

BENEDIKT sieht hier und an vielen anderen Stellen einen Niedergang gegenüber einer früheren vollkommeneren Zeit[224] und formuliert resigniert: "wenigstens dazu."

BENEDIKT ist hier gegen seine eigene viel strengere Auffassung widerwillig 'Realist', der die Schwächen der Menschen 'zur Kenntnis nehmen muß'.[225]

8 Wo es die Ortsverhältnisse mit sich bringen, daß nicht einmal das oben angegebene Maß aufzubringen ist, sondern viel weniger oder gar nichts, sollen die Brüder, die dort wohnen, Gott preisen und nicht murren. 9 Vor allem mahnen wir dazu, daß man das Murren unterlasse.

8-9 Wenn durch unvermeidbare Umstände Mangel auftritt, ist es besser, dies ohne Murren anzuerkennen, das zusätzlich noch die Atmosphäre vergiftet. Dies gilt auch in nichtklösterlichen Gemeinschaften.

Das bedeutet aber nicht, daß man bei vermeidbarem Mangel untätig bleiben soll.

41 Die Zeiten für das Essen

Das gemeinsame Mahl spielt in der Gemeinschaft BENEDIKT's eine zentrale Rolle. Jahreszeit und Arbeitsablauf beeinflussen den Zeitpunkt der Mahlzeiten, der vom Abt so festgelegt werden soll, daß kein "Grund zum Murren" gegeben ist.

1 Vom heiligen Ostern bis Pfingsten nehmen die Brüder die Hauptmahlzeit zur sechsten Stunde und den Imbiß am Abend ein.

2 Von Pfingsten an fasten die Brüder während des ganzen Sommers am Mittwoch und Freitag bis zur neunten Stunde, wenn sie keine Feldarbeit haben oder die Sommerhitze nicht zu drückend ist.

3 An den übrigen Tagen nehmen sie die Hauptmahlzeit zur sechsten Stunde ein.

2-3 Die verschiedene Festlegung der Essenszeit je nach Wochentag könnte als Schikane empfunden werden; insbesondere, da keine Begründung angegeben wird.

Diese Festlegung dürfte auch medizinisch nicht günstig sein, da der Tagesrhytmus stark verschoben wird.

4 Die Hauptmahlzeit wird zur sechsten Stunde [am Mittwoch und Freitag] beibehalten, wenn Feldarbeiten zu verrichten sind oder die Sommerhitze sehr drükkend ist. Darüber entscheidet der Abt. 5 Er muß alles so anordnen und regeln, daß es den Seelen zum Heil dient und die Brüder ohne Grund zum Murren ihre Arbeit tun können.

5 relativiert diese Härte. Der 'Chef' darf nicht durch unnötige, unbegründete Belastungen Grund zum Murren geben.

6 Vom vierzehnten September bis zum Beginn der österlichen Bußzeit ist die [einzige] Mahlzeit immer zur neunten Stunde.
7 Während der österlichen Bußzeit bis Ostern ist die [einzige] Mahlzeit gegen Abend. 8 Die Vesper jedoch werde so gehalten, daß man bei Tisch kein Lampenlicht braucht, sondern noch bei Tageslicht mit allem fertig wird. 9 Aber auch zu den anderen Jahreszeiten, gleich ob es einen Abendimbiß gibt [an Nicht-Fasttagen] oder nur eine einzige Mahlzeit [an Fasttagen], setze man die Stunde so früh an, daß alles noch bei Tageslicht geschehen kann.

42 Das Stillschweigen nach der Komplet

Der Tag soll in Ruhe, eventuell mit Lektüre guter Bücher ausklingen.

1 Die Mönche müssen immer auf das Stillschweigen bedacht sein, besonders aber während der Stunden der Nacht. 2 Deshalb gilt immer, mag es sich um einen Fasttag oder Nicht-Fasttag handeln, folgende Regelung: 3 An Nicht-Fasttagen setzen sich alle zusammen, sobald man vom Abendimbiß aufgestanden ist, und einer liest die 'Unterredungen' oder die 'Lebensbeschreibungen' der Väter oder sonst etwas vor, was die Hörer erbaut,
4 nicht aber den 'Heptateuch' und die Bücher der 'Könige'; denn für schwache Gemüter ist es nicht angebracht, diese Schrifttexte zur Abendstunde zu hören; man lese sie aber zu anderen Zeiten.
5 An Fasttagen dagegen begibt man sich alsbald nach der Vesper und einer kurzen Pause zur Lesung der 'Unterredungen', wie wir es angeordnet haben. 6 Man liest vier oder fünf Blätter oder soviel eben die Zeit erlaubt.

7 Während der Dauer der Lesung kommen alle zusammen, auch wer noch mit einer ihm aufgetragenen Arbeit beschäftigt war.

3-7 betont das Vorlesen wichtiger Schriften. Vermutlich ist durch solche Praxis viel Kulturgut über eine Zeit des Analphabetismus gerettet worden.

Das Vorlesen eines Textes für andere kann für den Vortragenden selbst zu vertieftem Textverständnis führen.

8 Sind dann alle beisammen, so halten sie die Komplet. Wenn sie aus der Komplet kommen, ist es niemand mehr erlaubt, mit irgend jemand über irgendetwas zu reden.

8 Beendigung des Tages durch Besinnung und, hier gemeinsames, Gebet mit nachfolgendem Stillschweigen. Dieses Ausklingenlassen des Tages ist sicher hektischer Aktivität bis zum Umfallen[226] oder 'Fernsehberieselung' bis zum Einschlafen vorzuziehen.

Andererseits könnte gerade der Abend Gelegenheit für gute Gespräche ohne äußeren Zeitdruck bieten.[227]

9 Findet sich einer, der diese Regel des Stillschweigens übertritt, so verfalle er schwerer Strafe, 10 außer es sei der Gäste wegen notwendig oder der Abt gebe jemand einen Auftrag. 11 Aber auch das soll mit größtem Ernst und würdiger Zurückhaltung geschehen.

10-11 Diese Ausnahmeregelung nimmt Rücksicht auf die anderen und stört sie nicht durch laute Betriebsamkeit.

43 Von denen, die zum Gottesdienst oder zu Tisch zu spät kommen.

Die Kapitel 43-46 beschäftigen sich mit der Bewältigung kleinerer oder größerer Nachlässigkeiten.

Das bewußte, öffentliche Distanzieren von den eigenen Fehlern steht im Vordergrund und ist Voraussetzung der Versöhnung.

Die Pünktlichkeit ist kein Selbstzweck; sie vermeidet aber unnötige Konflikte und ist ein Indiz für die Prioritäten im Verhalten gegenüber Gott und der Gemeinschaft.

1 Sobald man zur Stunde des göttlichen Dienstes das Zeichen hört, lasse man alles liegen, was man in den Händen hat, und komme in größter Eile herbei,

2 jedoch mit Ernst, um keinen Anlaß zur Leichtfertigkeit zu geben.

3 Man soll also dem Gottesdienst nichts vorziehen.

1-3 Pünktlichkeit hat nichts mit 'Hetzerei' zu tun.

"Dem Gottesdienst nichts vorziehen." Das äußere Verhalten,[228] und dazu gehört die Pünktlichkeit, ist ein Symbol und ein Gradmesser für die relative Bedeutung, die ich meiner Arbeit, den Menschen, bzw. Gott zumesse, und damit ein Maßstab für meinen Glauben.

4 Wer zur Feier der nächtlichen Vigilien erst nach dem Ehre sei dem Vater des vierundneunzigsten Psalms kommt, den wir deshalb sehr langsam und mit Pausen gesungen haben wollen, darf nicht an seinem Platz im Chor stehen.

4 Relativierung der strengen Forderung und Rechnen mit der menschlichen Schwäche, ohne sie jedoch gutzuheißen.

5 Er stehe vielmehr als letzter für sich allein an dem Platz, den der Abt für solche Nachlässige bestimmt hat, damit er selbst und alle anderen sie sehen können.

6 Dort bleibt er, bis er nach Schluß des Gottesdienstes durch öffentliche Genugtuung Buße getan hat. 7 Daß sie aber am letzten oder an einem abgesonderten Platz stehen sollen, haben wir deshalb bestimmt, damit sie von allen gesehen werden und sich wenigstens [unter dem Eindruck] der Beschämung bessern.

5-7 "Bis er Buße getan hat..." Es soll keine Schlamperei einreißen.

Die 'öffentliche Genugtuung' soll nicht als 'Pranger' mißverstanden werden; vielmehr soll sie die Distanzierung von der eigenen Nachlässigkeit zeigen.

Pünktlichkeit ist nicht Selbstzweck (als solcher wäre sie Schikane) sondern Zeichen der Achtung Gottes und der Gemeinschaft.

8 Denn wenn sie außerhalb des Oratoriums bleiben, wird vielleicht manch einer sich wieder hinlegen und schlafen oder sich draußen hinsetzen und seine Zeit verplaudern; dadurch würde dem Bösen Gelegenheit gegeben. 9 Es ist besser, sie gehen hinein, damit sie nicht das Ganze versäumen und sich in Zukunft bessern.

8-9 Dadurch wird der Versuchung entgegengewirkt, zu sagen: 'Jetzt ist es ja schon gleich, da kann ich gleich wieder schlafen gehen...'

10 Wer bei den Gebetszeiten untertags zum Gottesdienst nach dem Vers und dem Ehre sei dem Vater des ersten Psalms, der nach

dem Vers gesungen wird, noch nicht da ist, soll nach der Vorschrift, die wir oben gaben, am letzten Platz stehen; 11 er darf sich nicht erlauben, sich dem Chor der Psalmen singenden Brüder anzuschließen, bis er Genugtuung geleistet hat, es sei denn, der Abt verzeiht und gibt die Erlaubnis. 12 Doch muß der Schuldige auch dann noch dafür Genugtuung leisten.
13 Wer bei Tisch noch nicht vor dem Vers da ist, so daß alle zusammen den Vers und das Gebet sprechen und sich dann alle gemeinsam zu Tisch setzen, 14 der werde bis zu zwei Malen gerügt, wenn er aus Nachlässigkeit oder Schuld nicht rechtzeitig da ist.
15 Wenn er sich danach nicht bessert, darf er nicht mehr am gemeinsamen Tisch teilnehmen, 16 sondern er esse allein, abgesondert von der Gemeinschaft aller Brüder, und ohne seinen Anteil an Wein, bis er Genugtuung geleistet und sich gebessert hat.
17 Ebenso verfahre man gegen den, der bei dem Vers nach dem Essen nicht anwesend ist.

15-17 entspricht der Auschliessung.[229]

18 Auch darf sich keiner erlauben, vor oder nach der festgesetzten Stunde nach Belieben etwas zu essen oder zu trinken.

18 Diese Disziplin des nicht Dazwischenessens, z.B. so nebenbei beim Fernsehen, würde vielen von uns gut tun.

Das ganze Kapitel betont den Symbolcharakter des gemeinsamen Essens in der Gemeinschaft.

19 Wenn aber sich jemand weigert, etwas anzunehmen, das ihm der Obere anbietet, der soll, wenn er zu einer anderen Zeit das, was er früher ausschlug, oder etwas anderes haben möchte, gar nichts bekommen, bis er sich entsprechend gebessert hat.

44 Wie die Ausgeschlossenen Genugtuung leisten sollen

Hier geht es um die öffentliche Distanzierung von den eigenen (schwereren) Fehlern und um die darauffolgende Versöhnung.

1 Wer für ein schweres Vergehen vom Oratorium und Tisch ausgeschlossen ist, werfe sich zur Zeit, da im Oratorium der Gottesdienst beendet wird, vor der Tür des Oratoriums nieder und bleibe, ohne etwas zu sagen, 2 mit dem Gesicht zur Erde am Boden liegen vor den Füßen aller, die aus dem Oratorium kommen.

3 Das tut er so lang, bis er nach dem Urteil des Abtes Genugtuung geleistet hat.

1-3 ist in der Form vielleicht nicht zeitgemäß; doch ist das öffentliche Eingestehen eines Fehlers und die Distanzierung davon besonders bei schweren Vergehen wichtig.

Eine 'Beichte' vor der Gemeinde könnte als 'Nebeneffekt' viele Konflikte lösen. Dies insbesondere dann, wenn die Schuld die Gemeinde oder ein Gemeindemitglied betraf. Diese Art der 'Beichte' setzt ein hohes Maß von Vertrauen voraus, und sollte so nur aus innerem Antrieb des Schuldigen, nicht aber aus äußerer Verpflichtung zustande kommen. Sonst würde sie zur 'Demütigung' oder, durch Verschweigen der wirklichen Schuld, zur leeren Form absinken.

Wer so um Vergebung bittet, schafft damit die beste Grundlage für eine gegenseitige Versöhnung. Damit wird die 'Klimavergiftung'[230] in der Gemeinde verringert, was bei einer individuellen Beichte nicht so geschehen kann. Hier weiß ja außer dem Priester keiner vom Umkehrwillen, und kann daher auch nicht dabei helfen.

Viele Sünden belasten die ganze Gemeinde, nicht nur den einzelnen; ebenso wird die ganze Gemeinde und nicht nur der einzelne entlastet. Die Vergebung sollte die Form eines 'Festes der Versöhnung' haben. Eine derartige Versöhnung kann auch in weltlichen Gruppen stattfinden; sie darf aber nicht die Form einer 'kommunistischen Selbstanklage'[231] annehmen, da dabei die Voraussetzung des gegenseitigen Vertrauens fehlt.

Auch dürfte diese Form der Versöhnung auf Kleingruppen[232] bis zu etwa 70 Personen, in denen sich noch alle beim Namen kennen, beschränkt bleiben. Diese Bedingung wird in Selbstbezichtigungen vor großem 'Zuhörerkreis'[233] verletzt.

Eine 'Masse' kann man schwer beleidigen; mit einer Masse kann man sich nicht versöhnen. Das geht nur mit einzelnen Menschen oder mit mit kleinen Gemeinschaft.

Das öffentliche Eingestehen von Fehlern darf nicht nur von den 'einfachen Leuten' verlangt werden; es muß auch, und besonders, von den Leitenden, hier vom Abt, vorgelebt werden.

4 Wenn er vom Abt gerufen wird, kommt er und wirft sich dem Abt und allen zu Füßen, damit sie für ihn beten.

4 Versöhnung wird bei BENEDIKT immer im Rahmen eines Gebets gesehen.

5 Wenn der Abt es dann befiehlt, wird er in den Chor aufgenommen oder an den Platz, den der Abt bestimmt. 6 Doch darf er im Oratorium keinen Psalm und keine Lesung noch sonst etwas vortragen ohne neue Erlaubnis des Abtes. 7 Bei allen Gebetszeiten wirft er sich, wenn der Gottesdienst beendet ist, an dem Platz, wo er sich befindet, auf den Boden 8 und leistet so Genugtuung, bis der Abt ihm befiehlt, auch diese Genugtuung zu beenden.

6-8 Diese Bestimmung halte ich nicht für sinnvoll; eine Versöhnung soll nicht 'auf Raten' geschehen. Nach Gesinnungswandel und Zeigen des Willens zur Umkehr soll die Versöhnung gefeiert werden; eine schrittweise Versöhnung ist kleinlich, zeugt von Mangel an Vertrauen und demütigt zusätzlich den Betroffenen.

9 Wer aber für leichte Vergehen nur vom Tisch ausgeschlossen ist, leistet im Oratorium Genugtuung, solange es der Abt befiehlt. 10 Er tut das, bis der Abt den Segen gibt und sagt: 'Es genügt'.

45 Von denen, die im Oratorium Fehler machen

Hier geht es um Nachlässigkeiten und Schlampereien, nicht um Böswilligkeit.

1 Wer beim Vortrag eines Psalms, eines Responsoriums, einer Antiphon oder Lesung einen Fehler macht und sich nicht an Ort und Stelle vor allen verdemütigt und Genugtuung leistet, verfällt einer schwereren Strafe.

1 Auch kleinere Fehler soll man nicht einreißen lassen, sondern sofort korrigieren; später ist es viel schwerer. Anderenfalls wird die Nachlässigkeit gefördert und die Stimmung belastet.

2 Er wollte ja nicht in Demut gutmachen, was er durch Nachlässigkeit verschuldet hat.

Die Aufdeckung verborgengehaltener Fehler ist oft mit dem Gefühl der Blamage verbunden. Die Angst davor führt zu einer Verhärtung in der Fehlhaltung.

3 Kinder erhalten für solches Vergehen Schläge.

3 ist nach Erkenntnissen der Kinderpsychologie nicht mehr aktuell und abzulehnen.

46 Von denen, die sich sonstwie verfehlen

Man muß zwischen 'Vertuschen' von Fehlern und der diskreten Bereinigung rein persönlicher Fehler unterscheiden.

1 Wer bei irgendeiner Arbeit in der Küche, im Vorratsraum, beim Tischdienst, in der Bäckerei, im Garten, bei der Ausübung eines Handwerks oder sonstwo einen Fehler macht 2 oder etwas zerbricht oder verliert oder sich irgendwo etwas anderes zuschulden kommen läßt, 3 und nicht unverzüglich kommt und von sich aus vor dem Abt und der Klostergemeinde Genugtuung leistet und seinen Fehler bekennt, 4 verfällt einer schwereren Strafe, wenn der Fehler durch einen anderen bekannt wird.

1-4 Es ist leichter und für den einzelnen und die Gemeinschaft weniger belastend, Fehler selbst einzugestehen, als andere draufkommen zu lassen, und vorher ängstlich zu warten, 'ob es jemand gemerkt hat'.[234]

5 Handelt es sich aber um eine verborgene Wunde der Seele, so offenbare er sie nur dem Abt (oder den geistlichen Vätern), der es versteht, eigene und fremde Wunden zu heilen, ohne sie aufzudecken und bekanntzumachen.

5 Wenn die Offenlegung der eigenen Schuld mehr Schaden stiften würde, soll diese in einem Einzelgespräch mit einem vertrauten Berater, "der es versteht, eigene[235] und fremde Wunden zu heilen", aufgearbeitet und vergeben werden.

Es ist interessant, daß BENEDIKT diese Form der 'Einzelbeichte' nicht an einen Priester bindet; er spricht von "geistlichen Vätern"; und das kann jeder reife, weise Freund auch sein.[236]

47 Das Zeichen zum Gottesdienst

Wenn man Pünktlichkeit fordert, muß sich jeder darauf verlassen können, daß feste Tagestermine eingehalten werden.

1 Der Abt sorge dafür, daß die Zeit für den Gottesdienst bei Tag und Nacht angezeigt wird; das tue er entweder selbst oder übertrage die Sorge dafür einem pünktlichen Bruder, damit alles zur richtigen Zeit geschehen kann.

1 Man bedenke, daß zur Zeit der Niederschrift der RB noch keine genauen Uhren verfügbar waren!

2 Die Psalmen und Antiphonen werden, beim Abt angefangen, der Reihe nach von denen vorgetragen, die dazu den Auftrag bekommen. 3 Niemand darf sich herausnehmen, vorzusingen oder vorzulesen, wenn er diesen Dienst nicht zur Erbauung der Zuhörer erfüllen kann. 4 Das muß mit Demut, Ernst und Furcht geschehen und im Auftrag des Abtes.

3-4 Wieder die Mahnung,[237] es mit Ruhe anzunehmen, daß man für etwas nicht geeignet ist. Diese Haltung vermeidet viel Krampf und Peinlichkeit. Doch darf bei der praktischen Durchführung auch der betroffene Bruder nicht betrübt werden; das erfordert hohes Fingerspitzengefühl des Vorgesetzten.

48 Die tägliche Handarbeit

Kap. 48 bringt das benediktinische Motto 'ora et labora' ('bete und arbeite'): "zu bestimmten Zeiten mit Handarbeit, zu bestimmten Stunden mit heiliger Lesung."
BENEDIKT wendet sich gegen Müßiggang, legt aber andererseits Wert darauf, daß das geistige Leben nicht zu kurz kommt. Dieser Wechsel, dieses Zusammenspiel zwischen tätiger Arbeit und Besinnung, Selbstfindung und Weiterbildung wäre auch in unserer gehetzten Berufswelt neu zu überdenken; und das gerade in einer Zeit, in der die Arbeit[238] neu bewertet und neu verteilt werden muß.

Wenn heute das Maß an lebensnotwendiger Arbeit geringer wird, kann die dadurch gewonnene freie Zeit die Chance für ein reicheres geistiges und soziales Leben bieten. Auch weltliche Institutionen (Verbände, Firmen, Erziehungsinstitutionen, Gewerkschaften, Kirchen,...) sollten in dieser Hinsicht ihre Aufgaben, auch ihre Bildungsschwerpunkte, neu überdenken.

Dieser sinnvolle Wechsel erfordert eine gewisse Disziplin, um nicht außer Kontrolle zu geraten: Vergessen der Muße einerseits, bzw. 'Herumgammeln' andererseits; daher die Betonung auf "zu gewissen Stunden". Diese Disziplin hilft auch, Durststrecken zu überwinden, die sich bei jeder Neuorientierung der Lebensweise einstellen können. In den nächsten Jahren werden wir zunehmend mit derartigen Änderungen zu tun haben.

1 Müßiggang ist der Feind der Seele. Deshalb sollen sich die Brüder zu bestimmten Zeiten mit Handarbeit, zu bestimmten Stunden dagegen mit heiliger Lesung beschäftigen.

2 Wir glauben also, daß durch folgende Ordnung die Zeit für beides geregelt werden kann:
3 Von Ostern bis zum ersten Oktober verrichten die Brüder in der Frühe nach der Prim bis etwa zur vierten Stunde die notwendigen Arbeiten. 4 Von der vierten Stunde bis zur Zeit, da sie die Sext halten, sind sie frei für die Lesung. 5 Wenn sie nach der Sext vom Tisch aufstehen, ruhen sie unter völligem Schweigen auf ihren Betten; falls aber einer für sich lesen will, lese er so, daß er keinen anderen stört.

5 Einführung einer Mittagsruhe, um das bekannte 'Nachmittagstief' zu überwinden; jedoch nicht als Zwang: "wenn einer lesen will."

6 Die Non wird früher gehalten, etwa um die Mitte der achten Stunde. Dann verrichtet man bis zur Vesper die anfallenden Arbeiten. 7 Wenn die Brüder jedoch wegen der Ortsverhältnisse oder infolge ihrer Armut die Ernte selbst einbringen müssen, dürfen sie nicht verdrossen sein; 8 denn dann sind sie wirklich Mönche, wenn sie von der Arbeit ihrer Hände leben, wie unsere Väter und die Apostel. 9 Doch muß alles mit Maß geschehen wegen der Kleinmütigen.

8-9 "Von der Arbeit ihrer Hände, doch muß alles mit Maß geschehen..." Sich nicht von der Arbeit ('Arbeitssucht') auffressen lassen, den Sinn aus den Augen verlieren; eine Mahnung auch für Manager! Das 'rechte Maß' und 'niemand überfordern' sind Leitmotive der RB.

10 Vom ersten Oktober bis zum Beginn der österlichen Bußzeit sind sie bis zum Ende der zweiten Stunde frei für die Lesung.
11 Nach der zweiten Stunde wird die Terz gehalten; dann verrichten alle bis zur Non die ihnen zugewiesene Arbeit. 12 Beim ersten Zeichen zur Non bricht jeder seine Arbeit ab und hält sich bereit, bis das zweite Zeichen ertönt.
13 Nach Tisch sind sie frei für ihre Lesungen oder für die Psalmen. 14 Während der Tage der österlichen Bußzeit sind die Brüder vom Morgen bis zum Ende der dritten Stunde frei für ihre Lesung und verrichten dann bis zum Ende der zehnten Stunde die ihnen aufgetragene Arbeit. 15 Für diese Tage der österlichen Bußzeit erhält jeder aus der Bibliothek ein Buch, das er von Anfang bis Ende ganz lesen soll. 16 Diese Bücher werden zu Beginn der österlichen Bußzeit ausgeteilt.

15-16 Mindestens ein Buch jährlich aufmerksam lesen; diese Forderung könnte in der damaligen Zeit mit verbreitetem Analphabetismus eine Bildungsnotwendigkeit gewesen sein. Doch auch heute zeigen Umfragen, daß ein beträchtlicher Teil der Bevölkerung kaum Bücher liest. Das bewußte Lesen von (längeren) Büchern erfordert gegenüber dem Überfliegen von Boulevardzeitungen oder dem diagonal Überlesen von Berichten im Berufsleben eine gewisse Disziplin im Mitdenken und kommt der geistigen Entwicklung zugute. Könnten nicht andere Institutionen (z.B. Firmen...) diese Forderung zur Weiterbildung ganz bewußt, trotz Zeitverlust für die Tagesarbeit, übernehmen?[239] Ist dies nicht auch für den einzelnen eine Herausforderung?

17 Vor allem muß man unbedingt ein oder zwei ältere Brüder bestimmen, die zur Zeit, in der die Brüder für die Lesung frei sind, im Kloster herumgehen. 18 Sie sollen nachsehen, ob sich nicht etwa ein Bruder findet, der an geistlicher Trägheit leidet und sich dem Müßiggang oder dem Geschwätz überläßt, statt aufmerksam zu lesen, und nicht nur sich selbst schadet, sondern auch andere ablenkt. 19 Falls man, was Gott verhüte, einen solchen fände, werde er einmal und ein zweites Mal zurechtgewiesen; 20 bessert er sich nicht, dann verfällt er der Strafe der Regel und zwar so, daß die anderen Furcht bekommen. 21 Auch darf kein Bruder mit einem anderen Bruder zu einer Zeit verkehren, zu der es nicht gestattet ist.

17-21 Diese Überwachung ist keine Schikane, sondern hilft zur Selbstdisziplin.[240]

20 ist abzulehnen. Mit Strafe zu drohen: "daß die anderen Furcht bekommen," ist schlechte Pädagogik. Es ist nachgewiesen, daß die Motivation durch Furcht vor Strafe zwar besser als Vernachlässigung wirkt; daß aber eine positive Motivation sowohl für die individuelle Weiterentwicklung, die Leistung, als auch für die Stimmung in der Gruppe entscheidend überlegen ist. Ein Kloster ist heute ein Ort, für den sich freie Menschen entschieden haben und keine Zwangsanstalt!

22 Auch am Sonntag sollen sich alle der Lesung widmen, mit Ausnahme von denen, die für die verschiedenen Dienste bestimmt sind. 23 Ist aber einer so nachlässig und träge, daß er nicht üben oder lesen will oder dazu nicht imstande ist, so weise man ihm eine Arbeit zu, die er tun soll, damit er nicht untätig ist.

24 Den Kranken oder schwächlichen Brüdern soll man eine geeignete Arbeit oder Beschäftigung zuweisen, damit sie nicht

müßig sind und auch nicht durch die Last der Arbeit erdrückt oder zum Fortgehen veranlaßt werden. 25 Der Abt muß auf ihre Schwäche Rücksicht nehmen.

24-25 BENEDIKT nimmt Schwachen und Kranken nicht jede Tätigkeit weg und verursacht damit bei ihnen ein Gefühl der Wertlosigkeit, sondern erleichtert ihnen die Arbeit (oder Beschäftigung) soweit, wie das ihrem Zustand entsprechend notwendig ist. Dies hat weitreichende soziale Konsequenzen, die erst in jüngster Zeit wieder durch ähnliche Modelle[241] angestrebt werden.

Diese Modelle ermöglichen beim Älterwerden oder bei Krankheit ein schrittweises Zurücknehmen oder eine Veränderung der Arbeit. Es fällt damit der gefürchtete Pensionsschock weitgehend weg.
Wenn man bedenkt, wie gerade für ältere Menschen das Gefühl, zum alten Eisen zu gehören, belastend und oft lebensbedrohend ist, sollten diese Initiativen auch von den Sozialpartnern aktiv verfolgt werden.

Dieses Modell vermindert Generationenkonflikte, da keine scharfe Trennung zwischen Nützlichen (Berufstätigen) und nutzlosen Essern (Pensionisten, Kranken, Minderleistern und Lebensunwerten) auftritt. Ähnliche Modelle waren in früheren Großfamilien oder Sippen verbreitet; sie sind aber durch die Zersplitterung und Arbeitsteilung in den heutigen Kleinfamilien und insbesondere bei den 'Singles' verloren gegangen.

49 Die Beobachtung der österlichen Bußzeit

Die 'Fastenzeit' als Zeitraum, Bilanz zu machen und den eigenen Standort neu zu bestimmen.

1 Eigentlich soll der Mönch die ganze Zeit seines Lebens als österliche Bußzeit verbringen.
2 Da jedoch nur wenige die Kraft dazu haben, mahnen wir, wenigstens während dieser Tage der österlichen Bußzeit sein Leben ganz rein zu bewahren 3 und zugleich alle Nachlässigkeiten der anderen Zeiten während dieser heiligen Tage zu sühnen.

1-3 legt nahe, einmal im Jahr einen neuen Anfang zu versuchen, diese Zeit bewußt anders zu gestalten, zu überdenken, was man (routinemäßig) das ganze Jahr tut.

4 Das geschieht dann in angemessener Weise, wenn wir uns vor allen Fehlern hüten, uns dem Gebet mit Tränen, der Lesung, der Zerknirschung des Herzens und der Entsagung hingeben.
5 Während dieser Tage sollen wir also zu unserer gewöhnlichen

Dienstleistung etwas hinzufügen: besondere Gebete, Verzichte beim Essen und Trinken. 6 Ein jeder soll also freiwillig über das ihm bestimmte Maß hinaus in der Freude, die der Heilige Geist gibt, Gott etwas als Opfer darbringen, 7 das heißt: Er entziehe seinem Leib etwas an Essen, Trinken, Schlafen, Reden, Scherzen und harre in Freude und Sehnsucht des Geistes dem heiligen Osterfest entgegen.

4-6 Ist das "der Entsagung hingeben" eine reine Disziplinübung oder das Erkennen von Süchten und Abhängigkeiten, in die man während des Jahres hineingeriet, mit bewußtem Gegensteuern?

Derartige Übungen haben nur dann einen Sinn, wenn sie freiwillig, zum Abstandgewinnen, zum Neubeginnen und zum Abbau von 'Schlampereien' angewendet werden: "freiwillig in der Freude, die der Heilige Geist gibt" und nicht 'betrübt', nicht 'murrend'.

Dieser Anspruch ist für Menschen[242] aus sich selbst heraus nur schwer realisierbar; vgl. den 'Widerstand' bei der Psychoanalyse nach FREUD.

Solche Widerstände sind auch hier wahrscheinlich; doch rechnet BENEDIKT mit einer über dem Menschen stehenden Hilfe, "die der Heilige Geist gibt."

8 Was aber jeder als Opfer darbringt, muß er seinem Abt unterbreiten, damit es mit seinem Gebet und seiner Zustimmung geschieht; 9 denn was ohne Er-laubnis des geistlichen Vaters geschieht, gilt als Anmaßung und eitle Ruhmsucht, nicht als Verdienst.

8 Das "seinem Abt unterbreiten" kann als reine Disziplin- oder Gehorsamsübung verstanden werden. Es könnte aber auch bedeuten, daß bei solchen schwierigen Übungen ein geistiger Begleiter[243] sinnvoll ist.

9 Die Mahnung: "denn was ohne Erlaubnis geschieht, gilt als Anmaßung" könnte zur Vorbeugung neurotischen Verhaltens oder zur Vermeidung von Selbstquälerei gedacht sein.

BENEDIKT rechnet immer[244] mit Menschen auf dem Weg, mit Schülern, nicht mit Vollendeten.

Doch trägt der Abt hier sehr hohe Verantwortung.[245]

10 Deshalb soll man alles mit dem Willen des Abtes tun.

50 Die Brüder, die weit entfernt vom Oratorium arbeiten oder unterwegs sind

1 Brüder, die sehr weit entfernt bei der Arbeit sind und nicht rechtzeitig zum Oratorium kommen können, 2 das Urteil darüber steht dem Abt zu, 3 sollen den Gottesdienst dort halten, wo sie arbeiten, und sollen aus Ehrfurcht vor Gott die Knie beugen.

Verpflichtungen soll man auch dort einhalten, wo dies niemand kontrollieren kann.

4 Ebenso sollen die Brüder, die auf Reisen geschickt sind, die festgesetzten Gebetsstunden nicht übergehen, sondern sie für sich halten, so gut sie können, und nicht versäumen, den schuldigen Dienst zu leisten.

1-4 Vgl. hiezu Diskussionen in manchen intensiv zusammenlebenden Gemeinden, daß sich Brüder außerhalb der Gemeinde nicht zum Gottesdienst[246] verpflichtet fühlen.
BENEDIKT tritt dieser (irrigen) Meinung entschieden entgegen:
"Gebetsstunden nicht übergehen, so gut sie können."

51 Von den Brüdern, die sich nicht sehr weit entfernen

1 Ein Bruder, der zu irgendwelcher Besorgung hinausgeschickt und noch am gleichen Tag im Kloster zurückerwartet wird, darf sich nicht erlauben, draußen zu essen, auch wenn er dringend von jemand gebeten wird, 2 es sei denn, sein Abt gebe ihm die Erlaubnis.

1-2 Diese strenge Trennung von der Außenwelt halte ich nicht für aktuell, auch nicht für sinnvoll.

3 Handelt er anders, so werde er ausgeschlossen.

52 Das Oratorium des Klosters

1 Das Oratorium soll sein, was sein Name besagt, und nichts anderes soll dort getan oder aufbewahrt werden.

Für den Gottesdienst oder für Feste soll nach BENEDIKT ein besonderer, vom Alltagsgeschehen abgehobener Raum verfügbar sein.
1 Ist dieses strenge Trennen von sakralem und profanem Bereich nötig?
Die Kirche (Oratorium) kann, als Mehrzwecksaal, doch z.B. auch

Fest- und Versammlungssaal der Gemeinde sein.[247]
BENEDIKT will vermutlich einen Ort des ungestörten Gebets sichern. Ein Ort der Stille sollte in einer Gemeinde, auch in einem Betrieb, einer Wohnung,... immer vorhanden sein.[248]

2 Nach dem Gottesdienst gehen alle in tiefstem Schweigen hinaus; man erweist Gott die schuldige Ehrfurcht. 3 So wird ein Bruder, der etwa allein für sich beten will, nicht durch das rücksichtslose Verhalten eines anderen daran gehindert. 4 Wenn aber zu anderen Zeiten einer etwa still für sich beten will, so trete er einfach ein und bete, nicht mit lauter Stimme, sondern unter Tränen und mit Inbrunst des Herzens.
5 Wer es nicht so halten will, darf, wie gesagt, nach dem Gottesdienst nicht im Oratorium zurückbleiben, damit nicht ein anderer gestört wird.

3-5 Das Motiv der gegenseitigen Rücksichtnahme wird hier betont. Vgl. diese Zurückgezogenheit und Diskretion mit der fallweisen Extrovertiertheit beim Gottesdienst und Gebet der 'charismatischen Bewegung'; zwei verschiedene Wege...

53 Die Aufnahme der Gäste

Die Betonung der Gastfreundschaft ist ein wesentliches Merkmal benediktinischer Kultur.

1 Alle Gäste, die [zum Kloster] kommen, sollen wie Christus aufgenommen werden; denn er wird einmal sagen: Ich war Gast, und ihr habt mich aufgenommen.

1 Diese hohe Einschätzung der Gastfreundschaft: "wie Christus aufgenommen," ist völlig verschieden von Aussagen wie: 'nur als Gast,' die Gäste eine Abwertung fühlen lassen, obwohl sie nur einen verschiedenen Grad der 'Verbindlichkeit'[249] meinen.
Die benediktinische Gastfreundschaft erleichtert, wenn sie nicht nur formal ausgeübt wird, die menschlichen Kontakte und ein eventuelles Hineinwachsen in die Gemeinschaft.[250]

2 Allen soll man die Ehre erweisen, die ihnen zukommt, besonders denen, die mit uns im Glauben verbunden sind, und den Pilgern.

2 Deutliche Differenzierung zwischen Glaubensgenossen, Pilgern und sonstigen Gästen, z.B. 'Besichtigungs-Touristen'.

3 Sobald ein Gast gemeldet ist, sollen ihm der Obere und die

Brüder in aller dienstbereiten Liebe entgegengehen. 4 Zuerst sollen sie gemeinsam beten, dann sich den Friedenskuß geben.

4 Hier wird die gemeinsame geistige Grundlage an den Beginn der Begegnung gestellt. Der Friedenskuß ist das Symbol dafür.

Das an den Anfang einer Begegnung gestellte Gebet wäre auch bei anderen christlichen Gemeinden sinnvoll. Wird es heute in Klöstern noch so gemacht?

Sicherlich besteht hier ein Problem bei Gästen, die keine gleich intensive, oder eine andere Gottesbeziehung haben; man darf einen andersdenkenden Gast nicht 'vergewaltigen'.

5 Diesen Friedenskuß gibt man erst, wenn man vorher gebetet hat, um den Täuschungen des Teufels zu entgehen.

6 Bei der Begrüßung aber erweist man allen Gästen, die ankommen und weggehen, jegliche Demut:

7 Man neigt den Kopf oder wirft sich ganz zur Erde nieder, um in den Gästen Christus zu verehren, den man ja tatsächlich aufnimmt.

6-7 Diese Demutshaltung (der Gegensatz dazu wäre, Gäste von oben herab zu behandeln) liegt in der besonderen Symbolik: "wie Christus" begründet.

Kann dies jeder Gast begreifen, oder liegt für ihn die Versuchung nahe, die ihm dargebrachte Ehre auf seine eigene Person zu beziehen, und sich damit kraß zu überschätzen?

8 Nach der Aufnahme führt man die Gäste zum Gebet; dann setzt sich der Obere zu ihnen oder ein Bruder, den er beauftragt hat. 9 Man liest dem Gast zur Erbauung aus dem göttlichen Gesetz vor. Dann erweise man ihm jegliche Gastfreundschaft.

8-9 setzt selbstverständlich voraus, daß die Gäste[251] am gemeinsamen Gebet teilnehmen. Ich halte dieses Angebot der Teilnahme am 'intimsten Bereich', dem gemeinsamen Gebet, für einen großen Vertrauensvorschuß.

10 Der Obere darf des Gastes wegen das Fasten brechen, außer es handle sich um einen besonderen Fasttag, der gehalten werden muß.

10 Brechen des Fastens aus Freude über einen Gast. Diese Freude wird höher als die formale Vorschrift gesetzt.

11 Die Brüder sollen jedoch das übliche Fasten beibehalten.

12 Der Abt reicht den Gästen das Wasser für die Hände. 13 Der Abt

und ebenso die ganze Klostergemeinde waschen allen Gästen die Füße. 14 Nach der Fußwaschung spricht man den Vers: Gott, wir haben deine Barmherzigkeit aufgenommen inmitten deines Tempels.
15 Ganz besondere Aufmerksamkeit soll man der Aufnahme von Armen und Pilgern schenken; denn in ihnen wird mehr als in anderen Christus aufgenommen. Die Reichen dagegen sorgen schon durch ihr herrisches Auftreten dafür, daß sie geehrt werden.

15 Differenzierung zwischen zwei Typen von Gästen: Arme und Pilger einerseits, und Reiche, Angesehene, die sich selbst Achtung erzwingen, andererseits.[252]
BENEDIKT gibt der ersten Gruppe eindeutig den Vorzug.

16 Abt und Gäste sollen eine eigene Küche haben, damit die Gäste, die zu unbestimmten Zeiten kommen und dem Kloster nie fehlen, die Brüder nicht stören.

16 Die getrennte Küche für die Gäste des Abts ist auch (vgl. 11) wegen des verschiedenen Speiseplans ("... Fasten beibehalten.") sinnvoll.
Für die Gäste wird sogar der Zeitplan, allerdings ohne die Brüder zu stören, umgeworfen.
Die Anziehungskraft, die Ausstrahlung einer Gemeinde zeigt sich auch in der Zahl der Gäste, "die dem Kloster nie fehlen", auch wenn diese nicht großartig bewirtet werden können. Ein typisches Beispiel dafür ist heute die Gemeinschaft ('communaute') von Taize.[253]

17 Diese Küche sollen für ein Jahr zwei Brüder übernehmen, die sich auf diesen Dienst gut verstehen. 18 Wenn es notwendig ist, gibt man ihnen Gehilfen, damit sie ihren Dienst ohne Murren versehen. Haben sie jedoch weniger zu tun, sollen sie dorthin zur Arbeit gehen, wohin man sie schickt. 19 Übrigens gilt nicht nur hier, sondern bei jedem Amt im Kloster der Grundsatz: 20 Wenn jemand Gehilfen braucht, werden sie ihm zugeteilt; wer frei ist, übernimmt gehorsam die Arbeit, die ihm aufgetragen wird.

17-20 Bei BENEDIKT müssen prinzipiell alle Brüder zum Küchendienst und ähnlichen Diensten bereit sein.[254]
19-20 Niemand überfordern, aber auch nicht müßig sein. Dadurch soll einerseits 'betrübt sein' oder 'murren', andererseits Müßiggang, Faulheit vermieden werden.

21 Was die Gastwohnung betrifft, so werde sie einem Bruder anver-

traut, dessen Seele von Gottesfurcht erfüllt ist.

22 Es sollen dort Betten in genügender Zahl bereitgestellt sein. Und das Haus Gottes soll von Weisen und weise verwaltet werden.

23 Mit den Gästen darf niemand ohne Erlaubnis verkehren und reden.

24 Wer ihnen begegnet oder sie sieht, soll sie, wie schon gesagt, bescheiden grüßen, sie um den Segen bitten und mit dem Bemerken weitergehen, es sei ihm nicht gestattet, mit den Gästen zu reden.

23-24 Das Verbot des Verkehrs mit den Gästen halte ich, als Isolation, nicht für aktuell. Es entspricht einer Verteidigungshaltung.

Sinnvoll wäre eine derartige Einschränkung als Notmaßnahme für extreme Krisenzeiten, wenn durch Gäste mit 'falschem Bewußtsein' das innere Selbstverständnis und die Stabilität der Gruppe gefährdet würde; z.B. in einer Diaspora-Situation in einer feindlichen Umgebung.

Doch gerade eine christliche Gemeinde sollte nach dem Auftrag des Evangeliums[255] genug innere Sicherheit haben, um auszustrahlen, statt sich abzukapseln.

54 Darf der Mönch Briefe oder sonst etwas annehmen?

Kap. 54 und 55 stehen gemeinsam unter dem Motto: 'Einfacher leben', d.h. alles Notwendige (und das ist erstaunlich wenig) zu erhalten, aber nichts Überflüssiges zu beanspruchen.

1 Es ist den Mönchen durchaus nicht gestattet, von ihren Eltern oder sonst jemand, noch auch voneinander ohne Erlaubnis des Abtes Briefe, Eulogien [gesegnete Brote] oder sonst kleine Geschenke anzunehmen oder zu geben.

2 Selbst wer von seinen Eltern etwas zugeschickt bekommt, darf sich nicht herausnehmen, es anzunehmen, ohne den Abt vorher zu benachrichtigen.

1-2 Das Verbot, auch von nahen Verwandten kleine Geschenke anzunehmen, mag extrem hart erscheinen, enthält jedoch ein Element der Gerechtigkeit.

Es könnte ja geschehen, daß Brüder mit großzügigen Freunden und Verwandten dauernd Geschenke erhalten, während andere immer leer ausgehen.

Dies könnte zu Neid und Mißgunst führen, und damit zur Vergiftung der Atmosphäre in der Gemeinschaft.

3 Hat der Abt die Annahme erlaubt, so kann er immer noch verfügen, wem das Geschenk zu geben ist.

3 Daher kann der Abt auch über die Verwendung, über den Empfänger bestimmen, um bei Bedarf[256] die 'Widmungskette' zur Vermeidung von Mißbrauch zu unterbrechen. Das ist dann keine Schikane; doch setzt die Handhabung dieser Regelung von beiden Seiten große Reife voraus.

4 Der Bruder, dem die Sache zugeschickt wurde, soll dann nicht traurig werden, damit dem Teufel keine Gelegenheit gegeben wird.

4 Der geplante Empfänger soll dann "nicht traurig werden." Dies ist eine logische Konsequenz der individuellen Besitzlosigkeit der Brüder. Es steht keinem ein Anspruch auf bestimmten Besitz zu; wohl aber kann er[257] erwarten, das Notwendige zu erhalten.
Hier wäre zu überlegen, wieweit in einer 'Basisgemeinde', oder in einer 'Kommune' als 'weltlichem' Gegenstück, die Gemeinde einen Ausgleich der materiellen Mittel, auch gegen den Willen der Betroffenen, verfügen kann?[258]

5 Wer es wagt, anders zu handeln, verfalle der Strafe, die in der Regel festgesetzt ist.

55 Kleidung und Schuhwerk der Brüder

Wenn man das Notwendige erwarten kann, wird man frei von Besitzgier und Angst vor materiellen Verlusten. Dies setzt blockierte Energien frei, und macht viele Konflikte unnötig. Voraussetzung dafür ist eine hohe persönliche Reife, das Vertrauen auf das Fehlen von Willkür und ein Wertewandel, der den Wert eines Menschen nicht an seinem Besitz mißt. Das Materielle, die Macht und die zugehörigen Statussymbole dürfen kein Übergewicht behalten.

Besonders schwierig ist die Forderung an den Abt, der ja bei BENEDIKT große Macht hat, diese jedoch nicht autoritär, sondern nur als verantworteten Dienst an den Brüdern ausüben darf.

1 Man gibt den Brüdern Kleider, die der Lage und dem Klima des Wohnortes entsprechen; 2 denn in kalten Gegenden braucht man mehr, in warmen weniger. 3 Es ist also Sache des Abtes, darauf Rücksicht zu nehmen. 4 Nach unserer Ansicht genügen jedoch in einer Gegend mit gemäßigtem Klima für jeden Mönch eine Kukulle und eine Tunika, 5 eine dichtwollige Tunika im Winter, eine leichte oder abgetragene im Sommer, 6 dazu ein Skapulier für

die Arbeit; als Fußbekleidung Schuhe und Sandalen.

1-6 Vgl. damit die Bekleidungsregeln im kommunistischen China, die, entsprechend dem utopischen Sozialismus, alle Rangunterschiede zwischen den Genossen verhindern sollten.
Es bleibt aber die Frage, ob eine derartige Gleichförmigkeit oder Uniformierung nicht den Sinn für Schönheit schwächt?
Andererseits verhindert dies ein 'sich besser vorkommen' aufgrund äußerer Unterschiede, bzw. Statussymbole.
Es ist Verantwortung des 'Chefs', für das Notwendige zu sorgen. Wie schwierig das zu bestimmen ist, sieht auch BENEDIKT.[259]
Es wäre eine sinnvolle Übung, einmal zu überlegen, was in der heutigen Zeit und unter unseren Bedingungen wirklich notwendig ist, und den eigenen Lebensstil damit zu vergleichen.
Dabei soll nicht ein Mangel befürwortet werden, sondern eine kritische Sichtung des Unnötigen, bzw. dessen, was nur Komfort bringt.

7 Um die Farbe oder den groben Stoff all dieser Sachen sollen sich die Brüder nicht kümmern; man nehme das, was in der betreffenden Gegend zu finden oder was billiger zu beschaffen ist.

7 BENEDIKT verlangt, im Gegensatz zur heutigen Ordenspraxis, keine äußere Uniformierung aller Benediktiner; Vorrang hat der geringe Aufwand: "was in der betreffenden Gegend zu finden oder was billiger zu beschaffen ist."
Heute könnten das z.B. Jeans und Pullover sein.[260]
Das ist ein deutlicher Unterschied zur oft prunkorientierten Uniformierung des Militärs, mit besonderer Betonung der Statussymbole.[261]

8 Der Abt sorge für das rechte Maß, so daß die Kleider für die, die sie tragen, nicht zu kurz sind, sondern passen.
9 Wer neue Kleider erhält, gibt die alten immer sofort ab, damit sie in der Kleiderkammer für die Armen aufbewahrt werden.
10 Für den Mönch genügt es ja, zwei Tuniken und zwei Kukullen zu haben, wegen der Nacht, und um die Sachen waschen zu können. 11 Was darüber hinausgeht, ist überflüssig und muß entfernt werden.

11 Unnötiges vermeiden! Ein solcher Mensch hat keine materiellen Sorgen; er braucht auch keine Angst vor Dieben zu haben.

12 Auch die Schuhe, überhaupt alles, was alt ist, gibt man ab, wenn man Neues bekommt.

13 Wer auf Reisen geschickt wird, bekommt aus der Kleiderkammer Hosen, die er nach der Rückkehr gewaschen wieder abgibt. 14 Auch die Kukullen und Tuniken, die man für die Reise aus der Kleiderkammer bekommt und nach der Rückkehr wieder abgibt, sollen etwas besser sein, als man sie gewöhnlich trägt.

Die "etwas bessere" Kleidung beim Auftreten nach außen darf aber nicht dazu dienen, 'etwas darzustellen'.

Ebenso sollte die Kleidung zuhause nicht beliebig schäbig sein. Das rechte Maß der praktischen Verwendbarkeit sollte Vorrang haben vor zur Schau getragener Askese,[262] aber auch vor Prunksucht.

15 Als Bettzeug genügt eine Matte, eine gewöhnliche Decke und ein Kopfkissen. 16 Doch soll der Abt oft nachsehen, ob sich in den Betten kein Sonderbesitz findet.

17 Wenn sich bei einem etwas findet, was er nicht vom Abt erhalten hat, dann treffe ihn eine schwere Strafe. 18 Damit aber dieses Laster des Sonderbesitzes mit der Wurzel ausgerottet wird, soll der Abt alles geben, was man braucht, nämlich: 19 Kukulle, Tunika, Schuhe, Sandalen, Gürtel, Messer, Griffel, Nadel, Taschentuch, Schreibtafel, so daß keiner vorgeben kann, es habe ihm etwas Notwendiges gefehlt.

16-19 betont eine besondere Ablehnung von persönlichem Eigentum: "kein Sonderbesitz."

Das Notwendige wird selbstverständlich, vom Abt, zur Verfügung[263] gestellt.

Das setzt auch für den 'Chef' voraus, daß er sich selbst nicht mehr herausnimmt. Sieht er seine Leitungsfunktion als Dienst an, so steht er ja sonst auf gleicher Ebene wie seine Brüder, die andere, nicht weniger wichtige, Funktionen erfüllen.

Das könnte in der Praxis bedeuten: kein Prunktrakt für den Abt, bzw. kein Luxusbüro mit einer Schar von Sekretärinnen für einen Chef; aber auch in der Familie kein 'Sonderessen' für den Vater usw.

Auch das wäre ein Punkt zur Überprüfung des eigenen Lebensstils für alle, die Führungsaufgaben erfüllen.

Gelingt die Vermeidung solcher unnötiger, unbegründeter Privilegien, dann kommt es kaum zu Mißgunst, Neid oder Machtkämpfen.

20 Doch muß der Abt immer den Satz der Apostelgeschichte bedenken: Jedem wurde zugeteilt, was er nötig hatte.

20 Diese Formulierung findet sich 1700 Jahre vor Marx in den christlichen Urgemeinden[264] und dann in der Benediktregel!

21 So muß also auch der Abt auf die Schwächen der Bedürftigen Rücksicht nehmen, nicht auf die Mißgunst der Neider.

21 Durch dieses differenzierte Verhalten - statt einer formalen Gleichmacherei, die für die Bedürfnisse der einzelnen immer ungerecht sein muß - wird vom Abt ein verantwortliches Ernstnehmen der individuell unterschiedlichen Bedürfnisse verlangt. Auch wenn in unserer Gesellschaft jeder gleich viele Mittel hätte, würde doch der eine angeln gehen, der andere gut essen; ein dritter ein Buch lesen; ein vierter eine Firma gründen, usw.[265]
Dies setzt natürlich das Vorhandensein des biologisch Notwendigen voraus.
Im Kloster BENEDIKT's muß niemand betteln; aber keiner verlangt[266] Unnötiges. Hier besteht im Idealfall ein Wechselspiel zwischen der Weisheit des Abtes und der Reife seiner Brüder.

22 Doch bei allen seinen Entscheidungen soll der Abt an die Vergeltung Gottes denken.

56 Der Tisch des Abtes

Es geht hier um das Problem der 'Ehrenplätze'.

1 Der Abt soll immer mit den Gästen und Pilgern essen. 2 Sooft aber keine Gäste da sind, steht es ihm frei, von den Brüdern einzuladen, wen er will. 3 Doch soll er der Ordnung halber immer einen oder zwei von den Älteren bei den Brüdern lassen.

1-3 Es ist mir unverständlich, warum diese Trennung verlangt wird. Der Abt sollte doch, wenn es seine Leitungsfunktion nicht erfordert, mit seinen Brüdern auf gleicher Ebene leben und essen.
Wenn die Sondersituation der Betreuung von Gästen auch Ausnahmen sinnvoll macht, ist diese Trennung doch im Normalfall[267] unbegründet.

Vgl. dazu in großen Firmen das getrennte 'Kasino' für die 'leitenden Herren' gegenüber dem einfachen Speisesaal für den 'Rest', oder ähnliche Unterscheidungen beim Militär. Dies sind in der Sache unbegründete Privilegien.

Die Bevorzugung mancher Brüder, die zum Tisch des Abtes geladen sind, kann Anlaß für Neid und Rangkämpfe geben.

57 Die Handwerker des Klosters

Die Fähigkeiten jedes einzelnen sollen im Dienst der Gemeinschaft stehen.

1 Sind Handwerker im Kloster, so sollen sie in aller Demut ihr Handwerk ausüben, wenn der Abt es erlaubt. 2 Wenn einer von ihnen auf sein handwerkliches Können stolz ist, weil er sich einbildet, dem Kloster zu nützen,
3 dann soll man ihn von diesem Handwerk wegnehmen und ihn erst wieder darin arbeiten lassen, wenn er sich demütigt und der Abt ihn wieder beauftragt.

1-3 Der Stolz auf besondere eigene Fähigkeiten ist für die Gemeinschaft gefährlich und kann zu Überheblichkeit führen, die das eigentliche Ziel der Gemeinschaft aus den Augen verliert.

Diese Haltung kann als 'Arbeitssucht' oder als Sich-Unentbehrlich-Vorkommen den Betroffenen selbst gefährden.[268] Daher wird die Korrektur von 57,2-3 eingeführt.

Dieses, vorübergehende, Verbot, seiner 'Spezialleidenschaft' zu frönen, ist nicht als Schikane gedacht, sondern soll dem Betroffenen Gelegenheit geben, seine Prioritäten zu überdenken. Es wird nicht in erster Linie die fachliche Tüchtigkeit, sondern der Stolz in Frage gestellt.[269]

4 Ist von der Arbeit der Handwerker etwas zu verkaufen, dann dürfen sich jene, die den Handel abschließen, keinen Betrug erlauben. 5 Sie sollen immer an Ananias und Saphira denken, damit sie nicht den Tod, der jene am Leib traf, an der Seele erleiden, sie selbst und alle, 6 die mit den Sachen des Klosters unredlich umgehen.

7 Bei der Festsetzung des Preises darf sich nicht das Laster der Habsucht einschleichen. 8 Man soll im Gegenteil immer etwas billiger verkaufen, als es Weltleute tun können, 9 damit in allem Gott verherrlicht werde.

4-8 ist eine Absage gegen Betrug und Habsucht; kollektiv kann auch bei persönlicher Besitzlosigkeit Habsucht der Gruppe auftreten. Es darf, lange vor Marx, kein 'ungerechter Mehrwert' erzielt werden.

Verglichen mit "Weltleuten" kann deshalb "etwas billiger" verkauft werden, da diese ja vom Mehrwert leben müssen.

Ein Kloster ist keine gewinnorientierte Gemeinschaft. Der Verkauf von Sachen ist nicht 'Betriebszweck'; doch soll das, was nicht gebraucht wird, anderen ohne Berechnung eines Gewinnes zugute kommen.

58 Das Verfahren bei der Aufnahme der Brüder

Dieses zentrale Kapitel beschäftigt sich mit der gegenseitigen Verantwortung bei der Aufnahme neuer Mitglieder in eine Gemeinschaft.

1 Wenn einer neu ankommt, um Mönch zu werden, dann soll ihm der Eintritt nicht ohne weiteres gewährt werden, 2 sondern man halte sich an das Apostelwort: Prüft, ob die Geister aus Gott sind.

1-2 Die Gemeinschaft muß prüfen, ob eine hinreichende gemeinsame Basis für das Zusammenleben gegeben ist.[270] Ein Übergehen dieser Prüfung könnte später zu unerträglichen, aber vermeidbaren, Spannungen führen.

BENEDIKT ist sich, wie die Ausführlichkeit dieses Kapitels zeigt, dieser Problematik bewußt.
Eine derartige (gegenseitige) Prüfung hinsichtlich der gemeinsamen Zielvorstellungen ist ebenso vor Eintritt in eine Partei, in einen Betrieb, usw. wichtig, um spätere Enttäuschungen zu vermeiden. Derartige Entscheidungen sind keine Spielerei.

3 Kommt also einer und klopft beharrlich an, und zeigt es sich, daß er das ihm zugefügte Unrecht und die Erschwernis des Eintritts vier oder fünf Tage lang geduldig erträgt und auf seiner Bitte besteht, 4 dann gewähre man ihm den Eintritt, und er soll ein paar Tage in der Wohnung der Gäste bleiben.

3 "Zugefügtes Unrecht"[271] halte ich für diese Prüfung nicht für sinnvoll.

5 Dann kommt er in die Wohnung der Novizen, wo sie lernen, essen und schlafen.

4-5 Durch dieses stufenweise Eingliedern erst nach längerer Probezeit[272] soll zwischen Personen unterschieden werden, die nur 'Interesse' haben,[273] solchen (den Novizen), die den festen Willen haben, in die Gemeinde hineinzuwachsen,[274] und denen, die ihr schließlich endgültig angehören.

6 Man weist ihnen einen älteren [Bruder][275] zu, der es versteht, die Seelen zu gewinnen, und der über sie mit größter Aufmerksamkeit wacht.

6 Ein enger persönlicher Kontakt mit dem Neuen durch ein erfahrenes Mitglied der Gemeinschaft (Tutor) ist wichtig.

Einerseits erlaubt dieser Kontakt eine viel bessere gegenseitige Prüfung, und andererseits hilft diese Bezugsperson bei der Überwindung von Anfangsschwierigkeiten in der neuen Umgebung.

Diese Betreuung soll aber nicht, wie bei manchen Sekten, in Manipulation ausarten. Die Betreuung soll vielmehr die freie Entscheidung für oder gegen eine endgültige Bindung an die konkrete Gemeinschaft fördern.[276]

Dies gilt genauso in einem Betrieb gegenüber neuen Mitarbeitern. Es ist ein großer Fehler, die 'Neuen in der Luft hängen zu lassen', und sich dann über deren mangelnde Eingliederung oder über Kommunikationsprobleme mit ihnen zu beschweren.

Die Betreuung sollte sich nicht nur auf das organisatorisch Sachliche beschränken, sondern die ganze Person ernst nehmen.[277]

"...mit größter Aufmerksamkeit wacht..." Dies stellt hohe Anforderungen an den Betreuer!

Ein derartiges Kennenlernen[278] erfordert eine gewisse Bedenkzeit, während der das 'Dienstverhältnis' ohne 'Gesichtsverlust' beider Seiten gelöst werden kann.

7 Man achte sorgfältig darauf, ob der Novize wirklich Gott sucht, ob er Eifer hat für den Gottesdienst, für den Gehorsam, für Verdemütigungen.

7 Man soll vor wesentlichen Entscheidungen genau prüfen, ob die wirklichen Motive: z.B. ob man "wirklich Gott sucht," bewußt sind, und angegeben werden, oder ob vielleicht unbewußte[279] verdeckte Motive eine wesentliche Rolle spielen.

8 Im voraus sage man ihm offen, wie rauh und schwierig der Weg ist, der zu Gott führt.
9 Wenn er verspricht, standzuhalten und auszuharren, soll man ihm nach Verlauf von zwei Monaten diese ganze Regel vorlesen 10 und ihm sagen: Das ist das Gesetz, unter dem du dienen willst. Kannst du es beobachten, so tritt ein! Kannst du es aber nicht, so steht es dir frei wegzugehen.
11 Bleibt er noch fest, führt man ihn in die oben erwähnte Wohnung der Novizen zurück und prüft ihn in aller Geduld weiter.
12 Nach Verlauf von sechs Monaten liest man ihm die Regel wieder vor, damit er weiß, zu was er sich beim Eintritt verpflichtet.
13 Bleibt er auch jetzt noch fest, so liest man ihm nach vier Monaten diese Regel wieder vor.

8-13 Für eine verantwortete Entscheidung dürfen die Konsequenzen der Entscheidung, hier die zu einer konkreten christlichen Gemeinde, nicht verschwiegen werden. Das wäre Manipulation und würde eventuell später zu vermeidbaren schweren Krisen führen. Dies wird durch die wiederholte Konfrontation mit der Regel und die dazwischenliegende lange Bedenkzeit noch besonders betont.

Es gibt bei BENEDIKT kein 'Hineinrutschen'.

Das gleitende Immer-mehr-Mittun als konkludente Handlung wäre eine bedenkenswerte Alternative,[280] die zwar die Schwellenangst vor Entscheidungen vermindert, jedoch durch das Verwischen der Entscheidung Unsicherheiten bezüglich der Zugehörigkeit schafft.

14 Und wenn er nach reiflicher Überlegung verspricht, alles zu beobachten und jedem Befehl nachzukommen, dann nimmt man ihn in die Klostergemeinde auf.

Jeder Entscheidung sollte "reifliche Überlegung", hier z.B. in Form von Exerzitien, vorausgehen, wobei nochmals und endgültig alle Für und Wider abgewogen werden, und dann die endgültige Entscheidung gefällt wird.

15 Doch muß er wissen, daß es ihm von diesem Tag an auch durch das Gesetz der Regel nicht mehr erlaubt ist, das Kloster zu verlassen, 16 oder das Joch der Regel von seinem Nacken abzuschütteln, das er während so langer Überlegung ablehnen oder annehmen konnte.

14-16 Erst die endgültige Entscheidung führt zur vollen Mitgliedschaft. Für mich ergibt sich hier die Frage der lebenslang endgültigen Zugehörigkeit.

Es ist denkbar, daß die Persönlichkeitsentwicklung eines Menschen im Laufe seines Lebens die zu einem früheren Zeitpunkt ehrliche und gültige Entscheidung relativiert. Dann sollte, aus wesentlichen Gründen, eine Revision dieser Entscheidung möglich sein.

BENEDIKT rechnet hier offensichtlich nicht mit einer derartigen Persönlichkeitsentwicklung, wogegen er, insbesondere im Kapitel 7 (über die Stufenleiter der Demut), gerade eine solche Entwicklung beschreibt.

Die andere Alternative, die Entscheidung jeweils für einen bestimmten Zeitraum zu treffen, relativiert diese Entscheidung aber schon von Anfang an, und nimmt ihr dadurch ihren endgültigen Ernst.

Ähnliche Fragen treten bei der Entscheidung zur Ehe auf.

In Firmen ermöglicht das Recht zu

kündigen, das Auftreten der 'Job-Hopper', die ohne weitere Bindung,[281] nur um des Geldes willen, immer wieder die Anstellung wechseln. Dem steht, insbesondere in Japan, eine oft lebenslängliche Firmentreue gegenüber, die beide Partner verpflichtet.[282]
Ich halte einen Firmenwechsel aus wesentlichen persönlichen Gründen im Gegensatz zum 'Job-Hopping' für sinnvoll. Man sollte aber daran denken, daß man mit jeder eingegangenen Beziehung Verantwortung für sich und seine Partner übernimmt.

17 Bei der Aufnahme verspricht er vor allen im Oratorium Beständigkeit, klösterliches Leben[283] und Gehorsam 18 vor Gott und seinen Heiligen; falls er je anders handelt, soll er wissen, daß er von dem verdammt wird, dessen er spottet.

17 Eine beständige Zugehörigkeit zu einer konkreten Gemeinde, festgelegt durch öffentliche Erklärung vor Gott und der Gemeinde, fördert durch gemeinsames Leben, soweit dies bedingt durch menschliche Grenzen im Kloster oder in anderen Gemeinschaften konkret möglich ist, das Vertrauen und die persönlichen Beziehungen.
Dies macht es leichter, auf Masken und Rollen zu verzichten. Diese 'stabilitas' bedeutet aber auch,[284] daß ein Wechsel zu einer anderen Gemeinschaft nur im gegenseitigen Einvernehmen erfolgen darf.
Die anderen haben sich ja auf mich eingelassen, und würden durch willkürliches Verlassen "betrübt" werden.
Das Versprechen zur Beständigkeit sollte sich eher auf eine verantwortete Glaubensentscheidung als auf eine Drohung mit der Verdammnis stützen.

19 Über dieses Versprechen stelle er eine Urkunde auf den Namen der Heiligen aus, deren Reliquien dort sind, sowie auf den des anwesenden Abtes. 20 Diese Urkunde schreibe er eigenhändig; oder wenn er nicht schreiben kann, schreibe sie auf sein Ersuchen hin ein anderer, und der Novize setze sein Zeichen darunter und lege sie eigenhändig auf den Altar. 21 Sobald er dies getan hat, stimmt der Novize diesen Vers an: Nimm mich auf, o Herr, wie du verheißen hast, und ich werde leben; laß mich nicht in meiner Hoffnung scheitern.

21 Die positive Grundstimmung der Aussage: "und ich werde leben" drückt den Beginn einer neuen positiv gesehenen Lebensphase aus.

22 Diesen Vers wiederholt die ganze Klostergemeinde dreimal

und fügt das Ehre sei dem Vater hinzu. 23 Dann wirft sich der Novize zu den Füßen eines jeden nieder, damit man für ihn bete. Und von diesem Tag an gilt er als Glied der Klostergemeinde.

19-23 Die Entscheidung darf nicht nur innerlich getroffen werden; sie muß auch (innerhalb der Gemeinschaft) öffentlich und ausdrücklich erfolgen. Es soll für alle klar sein, wer dazugehört und sich daher der gemeinsamen Regel unterwirft.
Davon getrennt kann und soll ein Freundeskreis bestehen, der die grundsätzlichen Ziele der Gemeinschaft bejaht und fördert, sich aber nicht voll der Regel unterwirft.
Eine Vermischung beider Kreise oder eine unklare Abgrenzung kann zu Konflikten führen.
Ähnliche Bedeutung hat der bewußte Nachvollzug der Taufe als Erwachsener; bzw. die 'Lebensübergabe' in charismatischen Gemeinden. Auch diese erfolgt persönlich und ausdrücklich.
Die 'Tauferneuerung' in der Osternacht erfüllt wegen ihrer Anonymität diese Bedingung nicht.[285]

24 Wenn er Vermögen hat, soll er es vorher an die Armen verteilen oder es in einer feierlichen Schenkung dem Kloster vermachen, ohne irgend etwas für sich zurückzubehalten. 25 Er weiß ja, daß er von diesem Tag an nicht einmal mehr über seinen Leib verfügen kann.
26 Man nehme ihm also gleich im Oratorium die eigenen Sachen, die er trägt, ab und bekleide ihn mit den Sachen des Klosters.
27 Die Kleider aber, die man ihm abgenommen hat, sollen in der Kleiderkammer hinterlegt und aufbewahrt werden. 28 Sollte er je einmal der Einflüsterung des Teufels nachgeben und, was Gott verhüte, das Kloster verlassen, dann ziehe man ihm die Sachen des Klosters wieder aus und schicke ihn fort.

26-28 Die 'Einkleidung' ist ein Symbol der Zugehörigkeit zur Gemeinde. Viele Gruppen kennzeichnen ihre Mitglieder durch äußere Zeichen: (Militär, Studentenverbindungen, Parteien, Rokker, usw.)
Dies schafft jedoch Abstand und Schwellenangst für neu Hinzukommende, die diese Kontakte erschweren.
Es wäre für jede konkrete Gemeinde anhand ihrer Ziele zu prüfen, ob die Kennzeichnung der Zugehörigkeit z.B. zu einem abgeschlossenen Kloster oder die Ausstrahlung nach außen größeres Gewicht erhalten soll.
Letzteres würde z.B. für eine christliche Gemeinde gelten, die

innerhalb einer Regionalpfarre 'Infektionsherde' bilden will.
Hier würde eine Uniformierung stören und Kontaktbarrieren aufrichten: 'Die kommen sich besser vor...'
Es wäre auch zu prüfen, ob die positive Kenntlichmachung, z.B. als zur Hilfe bereite Person, die sichtbare Zugehörigkeit zu einer Elite oder gar Abzeichen der Macht als Motiv im Vordergrund stehen. Davon abhängig wäre die Entscheidung über eine 'Uniformierung' zu treffen.[286]

29 Die Urkunde jedoch, die der Abt vom Altar weggenommen hat, bekommt er nicht zurück, sondern sie wird im Kloster aufbewahrt.

29 Dies ist deshalb sinnvoll, da ja (vgl. Kap. 29) ein bis zu dreimaliger Wiedereintritt möglich ist.

59 Die Söhne der Vornehmen und Armen, die dargebracht werden

Dieses Kapitel ist nicht mehr aktuell. Der Eintritt in eine Gemeinde soll eine freie selbstverantwortete Entscheidung sein, die nur von reifen Erwachsenen, wie in Kap. 58 beschrieben, getroffen werden kann.[287]
Zu dieser Entscheidung sind unmündige Kinder nicht fähig.
Dies gilt entsprechend auch für die Kindertaufe. Dabei ist in beiden Fällen aber zu bedenken, daß jede Erziehung, auch eine 'wertneutrale', Einfluß ausübt, und damit Vorentscheidungen trifft.
Denkbar wäre es aber, daß z.B. nach Katastrophen Waisen in einer Klostergemeinschaft erzogen werden. Schon in der Völkerwanderungszeit waren die Klöster ruhende Punkte in einer chaotischen Umwelt.

1 Wenn ein Vornehmer seinen Sohn Gott im Kloster darbringt, und der Knabe ist noch minderjährig, dann sollen seine Eltern die Urkunde ausstellen, von der wir oben gesprochen haben. 2 Sie wickeln diese Urkunde und die Hand des Knaben mitsamt der Opfergabe in das Altartuch ein und bringen ihn so dar.
3 Was das Vermögen betrifft, sollen sie in der Urkunde, die sie vorlegen, unter Eid versprechen, daß sie weder selbst noch durch eine Mittelsperson, noch auf irgendeine andere Weise dem Kind jemals etwas schenken, noch die Möglichkeit bieten werden, etwas zu besitzen.

3 Hier scheint zunächst ein Widerspruch zu 54,2 zu bestehen. Dort handelt es sich aber offensichtlich

um kleine Geschenke, während hier eher größerer Besitz gemeint ist.

4 Wollen sie das nicht tun, sondern wollen sie dem Kloster als Entschädigung ein Almosen zukommen lassen, 5 dann sollen sie über ihre Schenkung dem Kloster eine Urkunde ausstellen, wobei sie sich, wenn sie so wollen, die Nutznießung vorbehalten können.

4 Es ist nicht einzusehen, warum hier von einer "Entschädigung" die Rede ist. Die Aufnahme eines neuen (zukünftigen) Bruders stellt doch keinen Schaden dar!

6 Auf diese Weise werden Tür und Tor versperrt, so daß dem Knaben keine Aussicht bleibt, die ihn, wie wir aus Erfahrung wissen, betören und, was Gott verhüte, ins Verderben stürzen könnte. 7 Ebenso halten es auch die weniger Bemittelten.
8 Wer aber gar nichts hat, stellt einfach die Urkunde aus und bringt seinen Sohn mit der Opfergabe in Gegenwart von Zeugen dar.

60 Die Priester, die etwa im Kloster bleiben wollen

Kap. 60-62: Es war offensichtlich zur Zeit BENEDIKT's nicht selbstverständlich, daß dem Kloster Priester angehören. Erst später wurden die Benediktiner ein typischer Priesterorden.
Ähnliches gilt von vielen christlichen Basisgemeinden, die aus Gruppen engagierter Laien bestehen, die sich vom Evangelium persönlich angesprochen fühlen.
Manche dieser Gruppen nehmen nur das 'sakramentale Service' einer Pfarre in Anspruch. Andere, die sich als 'Kristallisationspunkte' innerhalb einer Pfarre verstehen, haben oft den Priester der Pfarre als 'Bruder'.

1 Wenn einer aus dem Priesterstand um Aufnahme ins Kloster bittet, soll man ihm nicht zu schnell zusagen. 2 Besteht er jedoch durchaus auf seiner Bitte, so muß er wissen, daß er die Regel in ihrer ganzen Strenge zu halten hat 3 und daß ihm nichts erlassen wird. Es soll gelten, was in der Schrift steht: Freund, wozu bist du gekommen?

3 Doch auch hier sollte keine Sonderstellung des Priesters gelten.
Jedes Gemeindemitglied soll sich gleichermaßen, jedoch in verschiedener praktischer Ausprägung,

für die Gesamtkirche in der konkreten Gemeinde verantwortlich fühlen und danach handeln.[288]

4 Doch gestatte man ihm, im Chor den Platz gleich nach dem Abt zu haben, den Segen und die Schlußgebete zu sprechen, vorausgesetzt, daß der Abt ihn beauftragt. 5 Andernfalls darf er sich gar nichts herausnehmen, und er muß wissen, daß er der Zucht der Regel unterworfen ist; er gebe vielmehr allen ein Beispiel der Demut. 6 Handelt es sich im Kloster um die Besetzung eines Amtes oder sonst eine Angelegenheit, 7 so nimmt er den Platz ein, der seinem Eintritt ins Kloster entspricht, nicht den, der ihm aus Ehrfurcht vor dem Priestertum zugestanden wurde.
8 Wenn aber Kleriker den gleichen Wunsch äußern, dem Kloster eingegliedert zu werden, weist man ihnen einen mittleren Platz an; 9 doch gilt auch für sie, daß sie Beobachtung der Regel und Beständigkeit versprechen.

61 Die Aufnahme fremder Mönche

Der Wechsel von einer zu einer anderen Gemeinschaft wird geregelt; auf mögliche Konfliktquellen wird hingewiesen.

1 Kommt von weither ein fremder Mönch und will als Gast im Kloster bleiben, 2 und ist er mit der Lebensweise, die er vorfindet, zufrieden, bringt auch durch seine Ansprüche keine Verwirrung ins Kloster, 3 sondern ist einfach zufrieden mit dem, was er vorfindet, dann nehme man ihn auf, so lang er bleiben will.
4 Falls er jedoch bescheiden und liebevoll eine verständliche Kritik äußert und auf etwas aufmerksam macht, soll der Abt klug überlegen, ob ihn der Herr nicht gerade deswegen geschickt hat.

1-4 Bei einem Gemeindewechsel[289] soll der neu Hinzukommende zunächst Rücksicht nehmen auf die "Lebensweise, die er vorfindet".

Alles besser wissen zu wollen, würde eine Kommunikation von vorneherein unmöglich machen. Doch ist eine bescheidene und liebevolle Kritik möglich.

Ähnliche Probleme, die nur durch 'Fingerspitzengefühl' und Takt entschärft werden können, treten in Firmen auf, wenn z.B. nach einer Umorganisation neue Mitarbeiter in 'etablierte Gruppen' kommen. Auch dann wird ihre Integration durch obige Verhaltensregeln erleichtert.

BENEDIKT schränkt Reaktionen auf Kritik seitens eines Gastes, als solcher wird der Neue ja zunächst behandelt, auf den Abt ein. Er verhindert damit, daß jener mit seiner Kritik 'hausieren geht', und damit Unruhe schafft.

Die Benediktregel ist oft sehr autoritätsbewußt, da sie den Abt ideal sieht; unter dieser Voraussetzung ist kaum Kritik nötig. Jedoch wird Mitverantwortung[290] durchaus berücksichtigt.

In jeder funktionierenden Gemeinschaft ist bescheidene, konstruktive Kritik wichtig, im Gegensatz zur zerstörenden und destruktiven Kritik.[291] Ein weiser Abt bzw. Chef sollte das 'Betriebsklima' so genau fühlen, daß er der Kritik durch Abstellen der Probleme zuvorkommt. In der Realität ist jedoch das Korrektiv der Kritik von innen, bzw. in Extremfällen von außen,[292] fallweise notwendig.

5 Will er sich aber dann zu beständigem Bleiben verpflichten, so weise man einen solchen Wunsch nicht zurück, um so weniger, als man ja während der Zeit des Gastaufenthaltes sein Leben kennenlernen konnte.

5 Erst nach einer gewissen Zeit des gegenseitigen Kennenlernens erfolgt die endgültige Aufnahme.

Diese 'Probezeit' wird informeller gehandhabt als bei einem Neueintritt,[293] da sich der neue Bruder ja schon bei einer anderen Gemeinde bewährt hat.

6 Zeigt es sich aber während der Zeit seines Gastaufenthaltes, daß er anspruchsvoll oder voller Fehler ist, so muß man ihm nicht nur die Eingliederung in den klösterlichen Verband verweigern, 7 sondern ihm überdies höflich bedeuten, er möge gehen; sonst könnten durch seinen beklagenswerten Zustand auch noch andere verdorben werden.

6-7 Eine Gemeinde hat das Recht, jemand, der zu ihr kommen will, wegen wesentlicher Fehler[294] abzuweisen, da anderenfalls schwere Krisen drohen. Doch muß dieses 'Recht' sehr verantwortungsbewußt ausgeübt werden.

8 Gibt sein Verhalten aber keinen Anlaß dazu, ihn fortzuschicken, dann soll man ihn nicht erst auf seine Bitte hin aufnehmen und in die Klostergemeinde eingliedern, 9 sondern ihm ein Verbleiben sogar nahelegen, damit die anderen an seinem Beispiel lernen; 10 zudem dient man ja an allen Orten dem gleichen Herrn als Sklave, dem gleichen König als Soldat.

10 Gemeinden sollten sich daher nicht um irgendwelche Rangordnungen[295] streiten, sondern jeweils auf dem für sich als richtig erkannten Weg zum gleichen Ziel

("dient man ja an allen Orten dem gleichen Herrn") weitergehen, und sich freuen, daß so viele andere, auf anderen Wegen, das gleiche Ziel anstreben.

Ein Bild dafür ist ein Berg, auf den verschiedene Wege zum gleichen Fest auf der Gipfelhütte führen. Es ist dann schön zu wissen, daß auch andere Seilschaften unterwegs sind, auch wenn unterwegs Nebel einfällt und man niemand anderen sieht. Man weiß aber auch dann, daß man im Notfall nicht allein ist.

11 Der Abt darf ihm auch einen etwas höheren Platz anweisen, wenn er ihn für würdig hält.

11 Es geht hier um das rechte Maß zwischen der Anerkennung von Verdiensten und der dadurch möglichen Zurücksetzung bereits länger in der Gemeinschaft lebender Brüder. Es soll niemand "betrübt" werden.

Vgl. hiezu die Probleme in Firmen, wenn einer Arbeitsgruppe ein Vorgesetzter von außen zugeteilt wird.

12 Aber nicht nur einen Mönch, sondern auch einen, der dem oben erwähnten Priester- oder Klerikerstand angehört, kann der Abt an einen höheren Platz stellen als dem Eintritt entspricht, wenn er sieht, daß ihr Leben das verdient.

13 Doch soll sich der Abt hüten, jemals einen Mönch aus einem anderen bekannten Kloster ohne Einwilligung oder Empfehlungsschreiben des zuständigen Abtes dauernd aufzunehmen; 14 es steht ja geschrieben: Was du selbst nicht erleiden möchtest, das tue auch keinem anderen an!

13 Dies ist einerseits ein Abwerbeverbot, andererseits eine Sicherungsmaßnahme dafür, wenn jemand im Streit aus der früheren Gemeinschaft wegging. Aber wer kann einen im Guten oder Bösen Weggehenden wirklich unvoreingenommen empfehlen oder ablehnen?[296] Darf man jemanden durch eine, an sich gerechte, schlechte Beurteilung vielleicht die letzte Chance nehmen; insbesondere angesichts einer nie auszuschließenden Irrtumsmöglichkeit?

Ein Gemeindewechsel wird viel häufiger als ein Wechsel des Klosters vorkommen. Er ist bei Einvernehmen zwischen beiden Gemeinden positiv und befruchtend.

Eventuell kann sich, z.B. am neuen Wohnort, auch die Notwendigkeit ergeben, eine neue Gemeinde als Erneuerung der 'Servicekirche' zu gründen. Dabei soll aber[297] nicht voreilig, sondern sehr überlegt vorgegangen werden.

Der Rahmen der allgemeinen ('katholischen') christlichen Kirche darf dabei nicht verlassen werden.

62 Die Priester des Klosters

Auch das 'Amt' des Priesters stellt ihn nicht über die Gemeinde.

1 Wenn der Abt einen Priester oder Diakon für sich weihen lassen will, dann wähle er aus seinen Mönchen einen aus, der würdig ist, das Priestertum auszuüben.

1 Es könnte aktuell werden, daß christliche Gemeinden "einen, der würdig ist" dem Bischof zur Weihe vorschlagen. Dabei kann es nicht ausgeschlossen werden, daß diese Berufung und der Vorschlag der Gemeinde auch Verheiratete[298] oder Frauen trifft, auch wenn dies BENEDIKT für seine Mönchs-Klöster nicht so meinte.

2 Der Geweihte hüte sich vor Überheblichkeit und Stolz.
3 Er nehme sich nicht heraus, etwas zu tun, was ihm der Abt nicht befohlen hat. Er soll vielmehr wissen, daß er noch weit mehr der Zucht der Regel untersteht. 4 Das Priestertum darf ihm nicht Anlaß sein, den Gehorsam gegen die Regel und die Zucht zu vergessen, vielmehr soll er danach streben, Gott immer näher zu kommen.
5 Er nimmt immer den Platz ein, der seinem Eintritt ins Kloster entspricht, 6 außer wenn er den Dienst am Altar versieht oder wenn die Wahl der Klostergemeinde und der Wille des Abtes ihn an einen höheren Platz stellen, weil seine Lebensweise es verdient.

2-6 Aus diesem speziellen Dienst darf sich kein besonderer persönlicher Rang oder sonstige Privilegien ableiten.[299]

7 Er muß jedoch wissen, daß er sich an die Ordnung zu halten hat, die für die Dekane und den Prior bestimmt ist.
8 Falls er es wagt, anders zu handeln, sehe man in ihm nicht mehr den Priester, sondern den Aufrührer. 9 Wenn er sich trotz öfterer Mahnung nicht bessert, so nehme man auch den Bischof zum Zeugen. 10 Wenn er sich auch dann nicht bessert und die Schuld klar zutage liegt, muß er aus dem Kloster verstoßen werden, 11 freilich nur, wenn er so widerspenstig ist, daß er sich nicht unterordnen noch der Regel gehorchen will.

63 Die Rangordnung in der Klostergemeinde

'Rang' ist nicht Selbstzweck, und kein Maß für den Wert von Menschen. Er dient nur als Hilfsmittel zum konfliktfreieren Zusammenleben in der Gemeinschaft.

1 Die Brüder sollen im Kloster ihre Rangordnung so einhalten, wie sie durch die Zeit des Eintritts und durch verdienstvolles Leben bestimmt und wie sie vom Abt festgelegt wird.

1 Diese klare Regelung vermeidet Rangstreitigkeiten; doch ist die dem Abt auferlegte Mitberücksichtigung des verdienstvollen Lebens schwierig. Wie weit spielt dabei ehrliches Bemühen, wieweit eine glückliche Veranlagung die Hauptrolle?

Doch sollte in einer unter dem Motto: 'Ihr alle seid Brüder' lebenden christlichen Gemeinde die Rangordnung nur eine untergeordnete Rolle spielen und nur dazu dienen, ein Durcheinander zu vermeiden.

2 Der Abt darf die ihm anvertraute Herde nicht in Verwirrung bringen und keine ungerechte Verfügung treffen, als besäße er uneingeschränkte Gewalt. 3 Er muß vielmehr immer bedenken, daß er vor Gott über alle Entscheidungen und Handlungen Rechenschaft ablegen muß.

2-3 Unbegründete, bzw. willkürliche Ernennungen können viel Unfrieden stiften. Sie sind ein Mißbrauch der anvertrauten Autorität, des Dienstes der Leitung.

4 In der Rangfolge also, die er festsetzt oder die den Brüdern von selbst zukommt, gehen sie zum Friedenskuß, zur Kommunion, zum Psalmenvortrag, und stehen sie an ihren Plätzen im Chor. 5 Und nirgendwo darf das natürliche Alter die Rangordnung bestimmen oder beeinflussen. 6 Haben doch Samuel und Daniel, obgleich sie noch jung waren, über Alte Gericht gehalten. 7 Von denen also abgesehen, denen der Abt, wie wir sagten, nach reiflicher Überlegung und aus bestimmten Gründen einen höheren oder niedrigeren Platz zuweist, nehmen alle anderen den Platz ein, der ihrem Eintritt entspricht. 8 Wer zum Beispiel zur zweiten Stunde des Tages ins Kloster kommt, muß wissen, daß er jünger ist als einer, der zur ersten Stunde des Tages kam, welches Alter und welche Würde[300] er auch haben mag. 9 Den Knaben gegenüber bleibt allen das Recht gewahrt, immer und überall auf Zucht und Ordnung zu dringen.

9 ist nicht aktuell, vgl. die Bemerkungen zu Kap. 59.

10 Die jüngeren Brüder sollen die älteren ehren, die älteren die jüngeren lieben.

10 "Die älteren ehren, die jüngeren lieben" beschreibt ein sehr differenziertes menschliches Verhalten im Umgang mit jugendlichen Unvollkommenheiten oder altersbedingten Schwächen.

11 Wenn einer den anderen beim Namen ruft, darf er ihn nicht mit dem bloßen Namen anreden;
12 vielmehr sollen die älteren Brüder die jüngeren 'Bruder', die jüngeren die älteren 'Nonnus' nennen, was 'ehrwürdiger Vater' bedeutet.

11-12 Es werden außer der Unterscheidung zwischen jüngeren und älteren keine Titel verwendet, denn 'ihr alle seid Brüder'.

13 Der Abt wird 'Herr' und 'Abt' genannt, weil der Glaube in ihm den Stellvertreter Christi sieht.
Das maßt er sich nicht an; vielmehr ehrt und liebt man Christus in ihm. 14 Er muß aber daran denken und sich so verhalten, daß er solcher Ehre würdig ist.

13-14 BENEDIKT gibt die Titel 'Herr' und 'Abt' der Rolle des Abtes als Stellvertreter Christi; nicht dem Menschen, der als Mensch mit den anderen Brüdern auf gleicher Ebene steht. Daher auch die Mahnung in 14!

15 Sooft sich die Brüder begegnen, bittet der jüngere den älteren um den Segen. 16 Wenn ein Oberer vorübergeht, steht der Untergebene auf und bietet den Platz zum Sitzen an.

Die Bezeichnung "der Untergebene" steht im Widerspruch zur Gleichwertigkeit der Brüder[301] untereinander, aus denen nur der Abt herausgehoben ist.

Der jüngere Bruder darf sich nicht erlauben, sich neben den älteren zu setzen, ehe ihn dieser dazu aufgefordert hat. 17 So handelt man nach dem Schriftwort: Übertrefft einander in gegenseitiger Achtung!

15-17 Es werden Höflichkeitsregeln beschrieben, die auch außerhalb eines Klosters gelten.
Doch besteht eine Spannung zwischen 63,17: "übertrefft einander in gegenseitiger Achtung" (symmetrische Beziehung) und 63,15-16: "der jüngere, der ältere..." (unsymmetrische Beziehung).

18 Die kleinen und heranwachsenden Knaben halten im Oratorium und bei Tisch in Zucht ihre Rangordnung ein.

19 Draußen aber und überall, wo sie sind, stehen sie unter Aufsicht und Zucht, bis sie zum verständigen Alter gelangen.

18-19 sind nicht aktuell. Interessant ist aber, daß schon bei den Kindern im Oratorium die Rangordnung nach Eintrittszeit gilt.

64 Die Einsetzung des Abtes

Schwerpunkt dieses Kapitels ist die Auswahl eines Leiters der Gemeinschaft und die Darstellung jener Eigenschaften, die ihn für diesen Dienst der Leitung befähigen. Sie sind die Grundlagen eines 'guten Führungsstils', nicht nur im Kloster.

Dieses Kapitel ist offensichtlich eine spätere Ergänzung des zweiten Kapitels, mit dem es sich teilweise überschneidet.

BENEDIKT standen zu seiner Zeit ja noch nicht die Mittel der Textbearbeitung zur Verfügung, um den Text der RB einer 'Endredaktion' zu unterziehen.

1 Bei der Einsetzung des Abtes gelte immer der Grundsatz, daß der bestellt wird, den sich die ganze Klostergemeinde einmütig, in der Furcht Gottes, oder ein auch noch so kleiner Teil der Klostergemeinde nach besserer Einsicht[302] wählt.

2 Man soll aber den wählen und einsetzen, der verdienstvolles Leben und Lehrweisheit verbindet, wenn er auch in der Rangordnung der Klostergemeinde der Letzte wäre.

2 Ein "verdienstvolles Leben" und "Lehrweisheit" sind wichtiger als die Dauer der Zugehörigkeit oder sonstige 'erworbene Rechte'.

3 Wählt nun aber die ganze Klostergemeinde, was Gott verhüte, durch einhelligen Beschluß einen Mann, der mit ihren Fehlern einverstanden ist, 4 und kämen diese schlimmen Zustände dem Bischof, zu dessen Sprengel jener Ort gehört, oder den Äbten und Christen der Nachbarschaft nur ein ganz klein wenig zur Kenntnis, 5 dann sollen sie verhindern, daß sich der Beschluß der Bösen durchsetzt, und dem Haus Gottes einen würdigen Verwalter bestellen.

3-6 Wählt eine Gemeinschaft mit schweren Fehlern einen Mann zum Leiter, "der mit ihren Fehlern einverstanden ist", so beschleunigt dies den Verfall, da niemand mehr da ist, der zur Korrektur dieser Mängel aufruft. In einem solchen Fall kann es notwendig sein, auch von außen einzugreifen.

6 Sie seien überzeugt, daß sie dafür einen guten Lohn empfangen

werden, wenn sie es in reiner Absicht und aus Eifer für Gott tun, wie sie andererseits eine Sünde begehen, wenn sie es unterlassen.
7 Der eingesetzte Abt bedenke immer, welche Last er übernommen hat und wem er über seine Verwaltung Rechenschaft ablegen muß. 8 Er soll wissen, daß er mehr zum Helfen als zum Befehlen[303] da ist.

7-8 Die Verantwortung hat Vorrang vor den Rechten der Leitung: "mehr zum Helfen als zum Befehlen." Aufgabe des 'Chefs' ist nicht Herrschaft, sondern Hilfe zur persönlichen Reifung und damit zur Weiterentwicklung der Gemeinschaft.

9 Er muß sich also im göttlichen Gesetz auskennen, damit er das nötige Wissen hat, um daraus Neues und Altes hervorzuholen. Er muß keusch [selbstlos], nüchtern, barmherzig sein.

9 Die Leitung muß sachliche Kompetenz ("das nötige Wissen") haben.

10 Und immer soll er lieber Erbarmen walten lassen als strenges Gericht, damit ihm selbst das gleiche zuteil werde.

10 "Erbarmen" ist nicht dasselbe wie Fehler einreißen lassen.[304]

11 Er hasse das Böse und liebe die Brüder.

11 Das Aufzeigen und Verurteilen von Fehlern muß sich auf die falsche Tat oder Haltung beziehen, darf aber nicht die (Liebes-) Beziehung zum konkreten Menschen verletzen.

12 Muß er zurechtweisen, handle er klug und gehe nie zu weit, damit das Gefäß nicht zerbricht, wenn er es allzu sauber vom Rost reinigen will. 13 Er schaue immer mit Mißtrauen auf seine eigene Gebrechlichkeit und denke daran, daß man das geknickte Rohr nicht vollends zerbrechen darf. 14 Damit wollen wir nicht sagen, er dürfe Fehler wuchern lassen. Im Gegenteil: Er rotte sie, wie wir schon sagten, klug und liebevoll aus, wie er es für jeden zuträglich hält.

12-14 Überzogene Härte kann mehr schaden als nützen. Klugheit ist hier eng mit dem 'rechten Maß', der Haupttugend des Abtes, verbunden.

15 Und er suche mehr geliebt als gefürchtet zu werden.

15 Positive Motivation erreicht viel mehr als Angst. Angst isoliert; Liebe verbindet.
Dies stellt die genaue Gegenposition dar zum Satz: 'odiunt dum

metuant'. (Mögen sie mich hassen, wenn sie mich nur fürchten.)[305]

16 Er sei nicht aufgeregt und überängstlich,[306] nicht maßlos und eigensinnig; nicht eifersüchtig und nicht zu argwöhnisch, sonst kommt er ja nie zur Ruhe.[307]
17 Bei seinen Befehlen sei er umsichtig und überlegt; und mag der Auftrag, den er gibt, Göttliches oder Weltliches betreffen:
Immer wisse er zu unterscheiden und Maß zu halten, 18 eingedenk der weisen Mäßigung des heiligen Jakob, der sagte: Wenn ich meine Herden auf dem Marsch überanstrenge, gehen sie alle an einem einzigen Tag zugrunde.

16-17 Dies ist eine Zusammenfassung wesentlicher Komponenten guten Führungsstils, der weder das Ziel (sachlicher Anteil) noch die Menschen (personaler Anteil) aus den Augen verliert und dadurch zur Kooperation und Integration der Gruppe beiträgt.[308]
"...nicht aufgeregt..." In kritischen Situationen darf der Verantwortliche nicht in Panik verfallen, sondern muß Ruhe bewahren. Nur dadurch ist er fähig, die Übersicht zu behalten und Kurzschlußreaktionen zu vermeiden.

Seine psychische Situation wirkt stark auf die der ihm anvertrauten Gruppe zurück.

"Nicht überängstlich, argwöhnisch": Der Leiter einer Gruppe muß die Übersicht über die Prioritäten bewahren.
Er muß auf dieser Grundlage entscheiden,[309] welche Fehler ausgerottet werden müssen, und welche störenden Details unwichtig sind.
Er darf 'aus einer Mücke keinen Elefanten machen'.
"Nicht eigensinnig, eifersüchtig": Beides sind Verteidigungshaltungen aus Schwäche oder aus mangelndem Selbstwertgefühl.
"Bei Befehlen umsichtig und überlegt... Maß halten...": BENEDIKT geht hier nüchtern und pragmatisch vor; er warnt vor unüberlegten Entscheidungen.[310]

19 Er achte auf diese und andere Schriftworte von der weisen Mäßigung, der Mutter der Tugenden, und ordne alles so maßvoll an, daß die Starken angezogen und die Schwachen nicht abgeschreckt werden.

19 "Daß die Starken angezogen und die Schwachen[311] nicht abgeschreckt werden;" das sind 'Leitsätze für Führungskräfte',[312] die auf die menschlichen Stärken und Grenzen Rücksicht nehmen, und sowohl eine Unter- wie auch eine Überforderung vermeiden.
Das Abtbild von Kap. 64 beschreibt einen reifen, nicht neurotischen Menschen, der aus dieser

Reife heraus und nicht aus Formalautorität führt, und der es nicht mehr nötig hat,[313] sich durch Maßlosigkeit, Eigensinn, Furchtverbreitung und Verbote 'selbst zu bestätigen', und der "mehr geliebt als gefürchtet" wird, ohne deshalb an Autorität einzubüßen.

20 Vor allem muß er diese vorliegende Regel in allen Punkten beobachten, 21 damit er nach guter Verwaltung aus dem Mund des Herrn das Wort hört, das zum guten Knecht gesagt wurde, der seinen Mitknechten den Weizen zur rechten Zeit zugeteilt hat:
22 Amen, ich sage euch, heißt es, er wird ihn zum Verwalter seines ganzen Vermögens machen.

20 Auch und gerade für den Leitenden in seiner Vorbildfunktion ist die Einhaltung der gemeinsamen Regel bindend.

65 Der Prior des Klosters

Dieses Kapitel stellt einen Bruch in mehreren Richtungen dar:
Einerseits wird in Kap. 64 die Wahl des Abtes durch die Klostergemeinde betont, während nun von der Einsetzung durch Bischof oder Äbte die Rede ist. Hier scheinen die Intentionen BENEDIKT's mit Machtpositionen in der damaligen Kirche in Konflikt zu stehen. BENEDIKT sieht ganz klar das Kloster als Gemeinde, die autonom den Abt wählt, während dieser die weiteren Ämter, teilweise nach Beratung, bestimmt. Er bevorzugt[314] ganz klar das System der Dekane, wodurch eine große Gemeinde in mehrere überschaubare Teile gegliedert wird. Der Prior, als Stellvertreter des Abtes, müßte letztlich, ohne Dekane, die ganze große Gemeinde überblicken.

Jedoch hat sich in der Geschichte der Prior durchgesetzt, und nicht die Dekane.

1 Es kommt öfters vor, daß die Einsetzung des Priors in den Klöstern zu schweren Konflikten führt; 2 denn es gibt Leute, die sich, vom bösen Geist des Stolzes aufgebläht, einbilden, sie seien zweite Äbte. Sie maßen sich willkürliche Macht an, schüren Konflikte und stiften Zwietracht in den Klostergemeinden.
3 Das kommt besonders dort vor, wo der gleiche Bischof oder die gleichen Äbte, die den Abt einsetzen, auch den Prior einsetzen.
4 Wie unsinnig das ist, sieht man leicht ein; denn gleich vom ersten Tag an, da der Prior eingesetzt ist, wird ihm Anlaß zum Stolz gegeben.
5 Seine Gedanken flüstern ihm ein, er sei der Gewalt seines Abtes entzogen; 6 sie sagen zu ihm:

Du bist ja von denselben eingesetzt, die den Abt eingesetzt haben. 7 Daraus entstehen Neid, Streitereien, Verleumdungen, Eifersüchteleien, Zwietracht und Unordnung. 8 Denn wenn Abt und Prior gegensätzlicher Meinung sind, bringt dieser Zwiespalt notwendig ihre eigene Seele in Gefahr, 9 und auch ihre Untergebenen stürzen ins Verderben, wenn sie den Parteien schmeicheln.

1-9 Wird von außen zugleich auf zwei Führungsebenen zugegriffen, oder sind deren Kompetenzen unklar abgegrenzt, dann kommt es häufig zu Rivalitäten, bzw. Unsicherheiten in der Führung, die die Gruppe spalten.
Andererseits ist eine Gruppe, in der persönliche Rivalitäten, Gereiztheit und Intrigenspiel vorherrschen,[315] sehr schwer zu führen, bzw. ist das Betriebsklima nur schwer zu bessern. Im Extremfall kann eine derartige Gruppe einen schwachen Leiter in genau die Fehlhaltungen hineintreiben, vor denen 64, 16 so sehr warnt.

10 Die Verantwortung für diesen gefährlichen Mißstand trifft in erster Linie jene, die eine solche Unordnung verursacht haben.

10 Die Verantwortung trifft die äußeren Verursacher, weniger die betroffene Gruppe.

11 Wir halten es deshalb zur Sicherung des Friedens und der Liebe für besser, daß der Abt die Ämter in seinem Kloster nach freiem Ermessen besetzt. 12 Wie wir schon früher bestimmten, sollen womöglich für alle Geschäfte die Dekane zuständig sein.

12 Eine Unterteilung ('top-down') einer großen Gruppe in überschaubare Untergruppen, in denen sich alle persönlich kennen, erleichtert die innere Kommunikation und führt durch Dezentralisation zur Entlastung der zentralen Leitung.
Eine andere Vorgangsweise, die man heute z.B. in christlichen Basisgemeinden findet, ist der Zusammenschluß von kleinen Gruppen ('Runden') zu einer größeren Gemeinschaft ('bottom-up'). Dabei braucht nur soviel Autorität an die Gesamtgemeinschaft delegiert zu werden, als nötig ist. Eine derartige Gemeinde wird im allgemeinen dezentraler agieren als das Dekanatssystem BENEDIKT's, das 'von oben' organisiert wird.

13 Auf diese Weise kann ein einzelner nicht stolz werden, da ja mehrere beauftragt werden.

13 Diese Begründung entspricht dem 'divide et impera' (teile und herrsche).

Bei Machtzersplitterung läßt sich leichter herrschen, als gegen einen, vielleicht von außen (vgl. 65,3-8) aufgezwungenen, Stellvertreter. Diese pragmatische Vorgangsweise mag zwar Konflikte verhindern durch das Nicht-Aufkommenlassen eines starken Gegenspielers; sie entspricht aber nicht dem Zusammenleben reifer Menschen, die sich nach gründlicher Überlegung zum Zusammenleben in einer Gemeinschaft entschieden haben.

14 Wenn die örtlichen Verhältnisse es erfordern oder die Klostergemeinde mit guten Gründen und demütig darum bittet, und wenn der Abt es für gut findet, bestellt der Abt selbst den zum Prior, 15 den er mit dem Rat gottesfürchtiger Brüder dazu ersehen hat. 16 Der Prior soll aber in Ehrfurcht das ausführen, was ihm sein Abt aufträgt, und er soll nichts gegen den Willen oder die Anordnung des Abtes tun; 17 denn je höher er über den anderen steht, desto gewissenhafter muß er die Vorschriften der Regel beobachten.

18 Wenn es sich herausstellt, daß der Prior voller Fehler ist, wenn er stolz und überheblich wird, oder sich als Verächter der Heiligen Regel erweist, dann werde er bis zu vier Malen zurechtgewiesen. 19 Bessert er sich nicht, so trifft ihn die in der Regel vorgesehene Strafe. 20 Geht er auch jetzt nicht in sich, dann wird er seines Amtes als Prior enthoben, und ein anderer, der würdig ist, wird an seine Stelle gesetzt.

21 Wenn er auch nachher in der Klostergemeinde nicht ruhig und gehorsam ist, so werde er sogar aus dem Kloster fortgeschickt.

22 Doch soll der Abt bedenken, daß er über alle seine Entscheidungen vor Gott Rechenschaft ablegen muß; sonst könnte in seiner Seele die Flamme des Neides und der Eifersucht brennen.

66 Die Pförtner des Klosters

Das Erscheinungsbild ('Image') einer Institution wird wesentlich vom ersten Eindruck geprägt.

1 An die Pforte des Klosters stellt man einen weisen älteren Bruder, der Bescheid zu empfangen und zu geben weiß und den die Reife seines Charakters vor dem Herumschweifen bewahrt.

1 Es ist wesentlich, eine kompetente Auskunftsperson vorzusehen, die "Bescheid zu empfangen und zu geben weiß." Ein Anrufer oder Besucher soll nicht wahllos weitergereicht werden, sondern

einen kompetenten Partner vorfinden, der die richtige Auskunft zu geben, bzw. den richtigen Kontakt herzustellen in der Lage ist.

2 Der Pförtner soll seine Zelle neben der Pforte haben, damit die Besucher ihn immer dort antreffen und Auskunft erhalten.

2 Dies gilt auch für Servicebetriebe, die keine fixen Dienststunden einplanen können. Ein technischer Ersatz für den 'Pförtner' ist heute ein Telefon-Anrufbeantworter. Es ist aber bekannt, daß viele Menschen Hemmungen haben, einem Automaten ihren Wunsch mitzuteilen, und lieber auf den menschlichen Bearbeiter warten.

3 Sobald jemand klopft oder sich ein Armer meldet, antworte er:

'Gott sei Dank' oder 'Segne mich'. 4 In aller Freundlichkeit, wie sie ihm die Gottesfurcht eingibt, und beseelt vom Eifer der Liebe, gebe er sogleich Auskunft. 5 Braucht der Pförtner einen Gehilfen, so erhält er einen jüngeren Bruder.

6 Das Kloster soll womöglich so angelegt sein, daß sich alles Notwendige innerhalb der Klostermauern befindet, nämlich Wasser, Mühle, Garten und die verschiedenen Werkstätten, in denen gearbeitet wird. 7 So brauchen die Mönche nicht draußen herumlaufen, was ihren Seelen ja durchaus nicht zuträglich wäre.

6-7 Hier ist eine Bruchstelle; es handelt sich nicht mehr um den Pförtner, sondern um den Plan der Klosteranlage.

BENEDIKT sieht eine, für heutige Bedingungen zu hohe, Autarkie seines Klosters vor.

Diese mag als Verteidigungshaltung in Krisen[316] sinnvoll sein; doch halte ich in einer 'normalen' menschlichen Umwelt eine starke Kommunikation, eine Ausstrahlung nach außen unter gegenseitiger Achtung der jeweiligen Lebensformen für sinnvoller, und im Gegensatz zu 7 ("ihren Seelen ja durchaus nicht zuträglich"), für wichtig zur Persönlichkeitsentwicklung auch im Kloster. Eine christliche Gemeinde hat nicht die Aufgabe, sich einzuigeln, sondern die, 'in alle Welt' auszustrahlen.[317]

Tut sie das, dann können Gettobildungen oder falsche Eliten vermieden werden; und dennoch kann eine derartige Gemeinde der Welt ein neues Modell menschlichen Zusammenlebens zeigen.

8 Wir wollen, daß diese Regel öfters in der Klostergemeinde vorgelesen wird, damit sich kein Bruder mit Unkenntnis entschuldigen kann.

8 Auch wenn vor der Entscheidung zur Eingliederung in die Gemeinschaft eine intensive Auseinandersetzung mit der gemeinsamen Grundlage der Regel erfolgte, ist es doch wichtig, sich in bestimmten Abständen immer wieder mit ihr auseinanderzusetzen. Schließlich lehrt die eigene Persönlichkeitsentwicklung, manches anders und neu zu sehen; andererseits ist diese 'Wiederholung' ein gutes Mittel gegen das Einschleichen von Nachlässigkeit und Schlamperei.

67 Brüder auf Reisen

Das Zusammengehörigkeitsgefühl soll auch bei längerer Abwesenheit aufrechterhalten bleiben.

1 Die Brüder, die auf Reisen geschickt werden, sollen sich dem Gebet aller Brüder und des Abtes empfehlen. 2 Beim letzten Gebet des Gottesdienstes gedenkt man immer aller Abwesenden.

2 Das Denken an die zeitweilig Abwesenden fördert das Gemeinschaftsgefühl und gibt denen, die längere Zeit verreisen, das Gefühl, nicht vergessen zu sein.

3 Von der Reise zurückgekehrt, werfen sich die Brüder am Tag der Rückkehr bei der jeweils nächsten pflichtgemäßen Gebetszeit am Schluß des Gottesdienstes im Oratorium auf den Boden nieder 4 und bitten alle um das Gebet wegen der Fehler, die sie vielleicht auf der Reise begangen haben; denn es kann sein, daß sie etwas Böses gesehen und gehört oder durch unnützes Reden gesündigt haben. 5 Keiner darf sich erlauben, einem anderen alles zu berichten, was er außerhalb des Klosters gesehen oder gehört hat; denn das richtet großen Schaden an. 6 Wer es aber zu tun wagt, verfällt der Strafe der Regel.

5-7 Hier gilt dasselbe, was zu 66,7 gesagt wurde. Jedoch ist zu beachten, daß 67,5 nur verbietet, 'irgend' einem anderen zu berichten. Das heißt nicht, daß es verboten wäre, z.B. dem Abt oder einem von ihm Beauftragten zu berichten. Auch in einer Verteidigungsposition inmitten einer feindlichen Umwelt ist es wichtig, wesentliche äußere Vorgänge zu erkennen, um entsprechend zu handeln, oder auch, um diese aus historischem Interesse aufzuzeichnen.[318]
Auf diese Weise kam viel Wissen über das frühe Mittelalter in unsere Zeit. Es ist durchaus nicht immer nötig, alle Mitglieder der Gemeinschaft zu informieren, und damit eventuell zu verwirren.
Noch mehr gilt das vom Verbreiten von aufgefangenen Gerüchten.

7 Das gleiche gilt von dem, der eigenmächtig den klösterlichen Bezirk verläßt, um irgendwohin zu gehen oder irgend etwas noch so Geringfügiges ohne Erlaubnis des Abtes zu tun.

7 Auch hier liegt die Verantwortung beim Abt, das 'rechte Maß' zu wahren.

68 Wenn einem Bruder Unmögliches aufgetragen wird

Schwerpunkt dieses Kapitels ist die Bereinigung von Konflikten bei tatsächlicher oder vermeintlicher Überlastung.

1 Wird einem Bruder etwa Schweres oder Unmögliches aufgetragen, so nehme er den Befehl des Vorgesetzten gelassen und gehorsam an.

1 Hier sind nicht 'beweisbar unmögliche' Aufgaben oder moralisch negative Befehle[319] gemeint, sondern solche, von denen der Ausführende überzeugt ist, daß sie "das Maß seiner Kräfte" übersteigen.

2 Wenn er aber sieht, daß die auferlegte Last das Maß seiner Kräfte durchaus übersteigt, dann soll er dem Oberen geduldig und geschickt darlegen, warum er den Auftrag nicht ausführen kann, 3 nicht stolz oder trotzig oder in offenem Widerspruch.

Man soll aber nicht leichtfertig eine Aufgabe für unlösbar halten, bevor man nicht versucht hat, sie nach besten Kräften zu lösen.

2 Wenn auch der in Kap. 64 beschriebene ideale Abt nichts Unmögliches verlangt, ist doch ein 'menschlicher Abt' nicht unfehlbar. Daher bietet die Benediktregel hier die Möglichkeit, zu versuchen, den Abt von der Unmöglichkeit der Aufgabe "geduldig und geschickt" zu überzeugen.

3 Daß dies nicht "stolz, trotzig oder in offenem Widerspruch" geschehen soll, hat seinen Grund darin, daß eine derartig aggressive Haltung dem Abt ein 'Einlenken' durch bessere Einsicht fast unmöglich macht. Das sachliche Gespräch über die vermeintliche Unlösbarkeit einer Aufgabe wechselt dann auf die Ebene einer Machtprobe.

4 Bleibt es nach seiner Darlegung beim Entscheid oder Befehl seines Vorgesetzten, so wisse der Untergebene, daß es so für ihn gut ist, 5 und er gehorche aus Liebe, im Vertrauen auf die Hilfe Gottes.

5 Das bedeutet, sich weiterhin nach besten Kräften zu bemühen;

jedoch im Wissen, daß man nicht mehr allein die Verantwortung für das Gelingen trägt. Vielleicht kann dieses Freiwerden vom Erfolgszwang manche ungeahnten Kräfte[320] freisetzen.

69 Keiner maße sich im Kloster die Verteidigung eines anderen an

1 Man sorge vor, daß sich im Kloster keiner erlaubt, aus irgendeinem Grund einen anderen zu verteidigen oder sich gleichsam als dessen Vormund aufzuspielen,
2 auch wenn beide noch so eng durch Blutsverwandtschaft verbunden sind.

1 Dieses Verbot ist mir unverständlich. Warum darf man einen Bruder, dem Unrecht geschieht, nicht verteidigen?
Vielleicht kann dieser, z.B. aus Schüchternheit, seine Sache nicht klar genug darlegen.[321]
Jedoch soll sich keiner, vielleicht sogar gegen den Willen des Betroffenen, "als Vormund aufspielen".

3 Auf keinen Fall darf sich ein Mönch so etwas erlauben; denn es kann Anlaß zu sehr schweren Konflikten sein. 4 Wenn einer diese Vorschrift übertritt, werde er besonders streng bestraft.

3 Diese sich in den Vordergrund drängende Fehlhaltung ('Gschaftlhuber') kann allerdings stark emotionalisierte Konflikte auslösen.

Sie ist ja gar nicht in erster Linie am Wohl des Betroffenen, sondern an der eigenen 'Profilierung' interessiert.

70 Keiner maße sich an, einen anderen eigenmächtig zu schlagen

Es geht hier um die Verhinderung willkürlicher Gewaltausübung.

1 Im Kloster soll jeder Gelegenheit zu eigenmächtigem Handeln vorgebeugt werden. 2 Deshalb bestimmen wir, daß es niemand erlaubt sein soll, einen seiner Brüder auszuschließen oder zu schlagen, außer der Abt hätte ihn dazu ermächtigt. 3 Wer sich dagegen verfehlt, werde in Gegenwart aller zurechtgewiesen, damit die anderen sich fürchten.

1-3 Dinge, die die ganze Gruppe betreffen, dürfen nicht von einzelnen eigenmächtig an sich gerissen werden.
Dies betrifft besonders so schwerwiegende Maßnahmen wie den Ausschluß.
Derartige Fragen, bzw. Entscheidungen soll die ganze Gemein-

schaft[322] im Konsens oder der verantwortliche Leiter nach eigener Entscheidung tragen.
Anderenfalls könnte es leicht zu Mißtrauen und Machtkämpfen kommen; daher auch die öffentliche Zurechtweisung.

4 Knaben bis zu fünfzehn Jahren sollen von allen gewissenhaft in Zucht gehalten und beaufsichtigt werden. 5 Doch soll auch dies maßvoll und vernünftig geschehen. 6 Wer sich aber ohne Erlaubnis des Abtes irgendetwas gegen einen Erwachsenen herausnimmt oder sich gegen Kinder unbeherrscht zum Zorn hin-reißen läßt, verfällt der Strafe der Regel; 7 denn es heißt in der Schrift: Was du nicht selbst erleiden möchtest, das tu auch keinem anderen an!

7 betont den gegenseitigen Nutzen des Verzichts auf eigenmächtige Machtausübung.

71 Der gegenseitige Gehorsam der Brüder

Geordnete Kooperation, die das gemeinsame Wohl in den Vordergrund stellt, kann auch gegenseitige Unterordnung erfordern.

1 Das Gut des Gehorsams sollen alle nicht nur dem Abt erweisen, sondern die Brüder sollen sich auch gegenseitig gehorchen, 2 in der Überzeugung, daß sie auf diesem Weg des Gehorsams zu Gott gelangen.

1-2 Schwerpunkt ist hier das gegenseitige Dienen in Liebe.[323]

3 Ein Befehl des Abtes oder des von ihm eingesetzten Priors muß immer den Vorrang haben, und wir gestatten nicht, daß private Befehle vorgehen; 4 im übrigen aber sollen alle jüngeren Brüder den älteren in Liebe und Bereitwilligkeit gehorchen.

3 Auch wenn das Funktionieren einer Gemeinschaft durch gegenseitige Hilfe weitgehend gesichert ist (es sollten keine 'Befehle' notwendig sein), sollte doch der verantwortliche Leiter Prioritäten setzen können.

5 Erweist sich einer als streitsüchtig, so werde er zurechtgewiesen. 6 Wenn aber ein Bruder vom Abt oder von irgendeinem Älteren aus einem noch so geringfügigen Grund zurechtgewiesen wird 7 oder spürt, daß irgendein Älterer im Herzen gegen ihn leicht erzürnt oder auch nur ein wenig aufgebracht ist, 8 so werfe er sich sogleich ohne Zögern auf den Boden nieder, bleibe zu seinen Füssen liegen

und leiste so lang Genugtuung, bis sich die Erregung durch den Segensspruch gelegt hat.

6-8 Zur Konfliktbereinigung innerhalb einer Gemeinschaft ist es wichtig, einen Konflikt, sobald er erkannt wird, (nicht aggressiv)[324] aufzudecken, und die Bereitschaft zur Lösung aktiv anzubieten.

Eine geeignete zeitgemäße (durchaus auch nonverbale) Form sollte überlegt werden.

9 Wer sich aus Verachtung weigert, das zu tun, werde körperlich gezüchtigt oder, wenn er widerspenstig ist, aus dem Kloster gestoßen.

72 Der gute Eifer, den die Mönche haben sollen

Destruktiv intrigantes bzw. positiv aufbauendes Betriebsklima werden einander gegenübergestellt.

1 Wie es einen bösen und bitteren Eifer gibt, der von Gott trennt und zur Hölle führt, 2 so gibt es auch einen guten Eifer, der von der Sünde trennt und zu Gott und zum ewigen Leben führt.

1-2 "Eifer", Engagement kann zerstörend oder aufbauend sein.

Nicht kalte Pflichterfüllung oder gar Intrigenspiel sollten in einer christlichen Gemeinde vorherrschen, sondern der "gute Eifer, der von der Sünde trennt und zu Gott führt."

Übertragen auf das Leben in Organisationen und Firmen bedeutet dies die Betonung eines positiv motivierenden Betriebsklimas und eine Absage an eine zerstörend intrigante Atmosphäre.

3 Das ist der Eifer, den die Mönche in glühender Liebe betätigen sollen: 4 Sie sollen einander in Ehrerbietung zuvorkommen.
5 Sie sollen ihre leiblichen und charakterlichen Schwächen in großer Geduld ertragen.
6 Sie sollen sich im gegenseitigen Gehorsam überbieten. 7 Keiner soll den eigenen Vorteil suchen, sondern mehr den des anderen.
8 Sie sollen selbstlos die brüderliche Liebe erweisen.

3-8 "Einander in Ehrerbietung zuvorkommen" und "Schwächen in großer Geduld ertragen" sind Grundlagen für ein Zusammenleben realer Menschen, unter denen "keiner den eigenen Vorteil" sucht.

9 Gott sollen sie in Liebe fürchten. 10 Ihrem Abt seien sie in aufrichtiger und demütiger Liebe zugetan. 11 Christus sollen sie gar nichts vorziehen, 12 der uns

alle zusammen zum ewigen Leben führen möge.

9-11 Dieses Zusammenleben wird nochmals an Gott gemessen, und findet in ihm seine letzte Begründung.
Das ganze Kapitel 72 strahlt den guten Geist einer Gemeinschaft reifer Menschen und die Vision eines wirklich menschlichen Zusammenlebens aus. Es gilt für jede christliche, oder (ohne 9-11) für jede wirklich humane, Gemeinschaft.

73 Davon, daß in dieser Regel nicht die Beobachtung der vollen Gerechtigkeit vorgeschrieben ist

BENEDIKT sieht seine Regel als Anfang eines Weges, den jeder, soweit es seine Fähigkeiten erlauben, ein Leben lang weitergehen muß.

1 Wenn wir übrigens diese Regel geschrieben haben, so deshalb, damit wir durch ihre Beobachtung in den Klöstern ein klein wenig eine gewisse [dem Mönchsstand geziemende] Anständigkeit und Tugend und einen Anfang im klösterlichen Leben beweisen.
2 Wer aber im klösterlichen Leben rasch zur Vollkommenheit gelangen will, der hat die Unterweisungen der heiligen Väter, deren Beobachtung den Menschen bis zu den Höhen der Vollkommenheit führt.

1-2 Keine menschliche Regel kann aus sich zur Vollkommenheit führen; sie kann aber einen Weg, eine Richtung zeigen.

3 Ist denn nicht jede Seite und jedes von Gott beglaubigte Wort des Alten und Neuen Testaments eine ganz gerade Richtschnur für das menschliche Leben?

3 Die Benediktregel bezieht sich ausdrücklich als Grundlage auf die ganze Bibel des Alten und Neuen Testaments. Dies ist ein wesentlicher Unterschied zu sektiererischen Gruppen, oder zu solchen, die sich diese Grundlage selbst definieren wollen.

4 Oder welches Buch der heiligen katholischen Väter redet nicht laut davon, wie wir in geradem Lauf zu unserem Schöpfer kommen? 5 Aber auch die 'Unterredungen' der Väter, ihre 'Einrichtungen' und die 'Lebensbeschreibungen' sowie die 'Regel' unseres heiligen Vaters Basilius 6 sind doch nichts anderes als Werkzeuge der Tugend für Mönche, die recht leben und gehorsam sind. 7 Wir aber, die wir träge

sind, nicht recht leben und nachlässig sind, müssen vor Scham erröten.

8 Du also, wer immer du bist, der du zum himmlischen Vaterland eilst, befolge mit der Hilfe Christi diese ganz kleine Regel für Anfänger, die wir geschrieben haben; 9 und dann erst wirst du zu den erhabeneren Höhen der Lehre und Tugenden, die wir oben erwähnten, mit dem Beistand Gottes kommen.

Amen

7-9 sind eine Mahnung, die Mängel des eigenen Lebensstils zu erkennen, bescheiden zu sein, und mit Gottes Hilfe seinen Weg weiterzugehen.

8 Wie sie begann, schließt die Benediktregel mit einer persönlichen Anrede an den Leser über Jahrhunderte hinweg: "Du also, wer immer du bist..."

[Schließt die Regel.]

Fußnoten

Fußnoten zu den Vorbemerkungen

1 [BEN77] Beuroner deutsche Ausgabe.

2 Vgl. die Krise der herkömmlichen Parteien, der Gewerkschaften, der 'Amtskirche',...

3 Vgl. die Basisgemeindebewegung in Südamerika, aber auch in Europa und die 'Grünen'.

4 Vgl. [FRA77].

5 Gemäß dem zweiten Hauptsatz der Wärmelehre für geschlossene Systeme.

6 Z..B. in Verbänden, Firmen, usw....

7 Es gibt Meinungen, daß Christentum und Management grundsätzlich unvereinbar wären. Dies gilt nur für rein materialistisch auf Gewinnmaximierung ausgerichtete Manager, jedoch nicht für Manager,die Führung als komplexe Herausforderung von: Personalführung, Betriebsklima, Kundenzufriedenheit, technischem Fortschritt, gesellschaftlicher und Umweltverträglichkeit sowie Erzielung eines gerechten Gewinnes sehen.

Die genannte Antithese ist somit nicht grundsätzlich, sondern nur vom Wertesystem des konkreten Managers her auflösbar.

8 Im vorliegenden Buch gehe ich nicht, wie z.B. HOLZHERR in [HOL80], vom Standpunkt der Entwicklung des frühen Mönchslebens aus. Mir geht es hier nicht um die geschichtliche Begründung, sondern um die Bedeutung der RB für die Gegenwart und Zukunft. Daher wurde bewußt auf die Ausarbeitung eines Kommentars im üblichen Sinne verzichtet., der die RB im geschichtlichen, theologischen und monastischen Kontext beleuchtet.

9 Gemeinden in der Pfarre Machstraße, Wien 2.

Fußnoten zum Haupttext

1 Vgl. die Schlußaussage in der Oper Eugen Onegin: "Ich habe falsch gelebt..."

2 Solches Verdrängen löst das Problem, den Druck der Entscheidungssituation, nicht, sondern führt zu neurotischen Ausweichsaktionen, wie die Tiefenpsychologie FREUD's lehrt.

3 Die Zeit nutzen, vgl. die Bemerkung zu V,8.

4 Dagegen ist eine Gemeinderegel, die sich nur auf den Menschen bezieht, die Regel einer humanistischen Gruppe. Zur Begründungsproblematik vgl. V,41.

5 Hier kann man einen Zusammenhang zur Problematik der "Erbsünde", als "geistige Umweltbelastung" sehen, die durch Gottes Gnade, bzw. Taten "entgiftet" werden muß.

6 Es folgt der längere Text der RB.

7 Fortsetzung des gemeinsamen Texts.

8 Vgl.: "Vor Gottes Gerechtigkeit haben wir keine Chance; durch seine Liebe haben wir jede Chance."

9 Vgl. P. WESS 'Ihr alle seid Geschwister', [WES83]. Dort wird dieser erste Eifer mit einer ersten Verliebtheit verglichen, die nicht für eine dauerhafte Ehe reicht.

10 Vgl. [WES83]

11 Vgl. die Forderung FREUD's nach einer "Lehranalyse" vor Aufnahme einer eigenverantwortlichen Praxis.

12 Vgl. [RIS82] und die Bezeichnung des Menschen als 'zoon politikon'.

13 Vgl. V,47-49, und HESSE [HES**] 'Das Glasperlenspiel'. Dort ist vor jeder weiteren Stufe der Persönlichkeitsentwicklung eine Phase des Lernens und Übens notwendig.

14 Vgl. NIETZSCHE 'Übermensch' [NIE**].

15 Vgl. Gen.3,5.

16 Man könnte diese Haltung im Bild der Physik als 'psychische BROWN'sche-Molekularbewegung', bzw. im Sinne der Tiefenpsychologie als reine ES-Steuerung mit starker ICH-Schwäche bezeichnen.

17 Dies ist eine falsche Befriedigung.

18 Vgl. 1,3-5.
19 Vgl. [SIE83], in den 'Leitsätzen für Führungskräfte' finden sich ganz ähnliche Aussagen aus der Sicht eines großen Industrieunternehmens.
20 Vgl. 2,8-9 'nemo plus ultra tenetur' im römischen Recht.
21 Dieses Muster findet sich immer wieder in der RB. Zunächst wird eine Idealforderung ('wie es eigentlich sein sollte') aufgestellt. Dann wird diese, unter Berücksichtigung der menschlichen Grenzen, relativiert; immer jedoch, ohne die grundsätzliche Forderung zurückzunehmen. Diese 'menschliche Note' unterscheidet die RB wesentlich von der älteren 'Magisterregel' [MAG74], von der Benedikt sonst ganze Passagen übernimmt.
22 Ringel fordert in [RIN83] "Loben können".
23 Vgl. [RED70] In REDDIN's 3D-Methode wird der Situationsflexibilität, die die verschiedenen Zielgruppen berücksichtigt, mit denen man zusammenleben muß, besondere Bedeutung zugeschrieben.
24 Übereinstimmung von Reden und Handeln.
25 Vgl. Kap. 63 "Die Rangordnung in der Klostergemeinde.
26 Vgl. den Begriff der 'personalen Liebe' bei [WES83]. Hier wird der Mensch an sich, unabhängig von seinen Leistungen, als wertvoll betrachtet.
27 Vgl. hiezu die Erfahrung der Astronauten auf dem Flug zum Mond, die aus dieser Entfernung die Erde als schön, klein und verletzbar sahen.
28 Vgl. Kap. 68 "Wenn einem Bruder Unmögliches aufgetragen wird".
29 Vgl. die Forderung nach 'hoher Stilbandbreite' in [RED70].
30 Sie zu verdrängen.
31 Ähnliches findet sich bei LORENZ [LOR63], der vor dem Entstehen von Polarisierungen warnt, die dann nicht mehr verstandesmäßig beherrschbar sind, und zu Kurzschlußreaktionen führen.
32 Vgl. 23,5.
33 VAK sagt in einem "Brief an eine junge Führungskraft" [VAK90]: 'Je mehr Menschen Ihnen anvertraut sind, desto vielschichtiger wird die Führungsaufgabe...' und 'mißtrauen Sie den "Selbstverwirklichern", denn sie wollen sich nur auf Kosten anderer verwirklichen. Mißtrauen Sie auch den von der Macht faszinierten, denn ihr Ziel ist nicht Verantwortung, sondern die eigene Erhöhung.
34 WELAN sagt vom Rektor einer Universität in [WEL89] u.a.: 'Das jeweilige Vorgehen muß der wechselnden Situation angepaßt sein. Man muß grundsätzlich kooperativ, im einzelnen situativ vorgehen.'
35 'Servus' ist der Leitspruch von Abt Oddo von Kremsmünster.
36 RINGEL [RIN83] schlug in einem Vortrag über Führungsstil vor, das Wort 'mein Untergebener' durch 'der mir Anvertraute' zu ersetzen. Damit erhält die Beziehung gleich einen ganz anderen Stellenwert.
37 Dies wird deutlich, wenn man z.B. 2,26 oder die Kapitel der "Strafordnung" 23-28 vergleicht.
38 WELAN sieht in [WEL89] für den Rektor einer Universität die Gefahr: 'Rituale sind verführerisch. Wenn man sich ihnen allzusehr hingibt,... wird man müde und hat den Eindruck, seine Pflichten ... getan zu haben. Die Wirklichkeit sieht anders aus.'
39 Mißverständlich, aber aus der damaligen 'Naherwartung' gerechtfertigt.
40 2,37-39 vgl. dazu 2,34.
41 RINGEL verlangt in [RIN83] von Vorgesetzten: 'Sich nicht für unfehlbar halten' und 'er muß Schwächen und Fehler vor sich selbst eingestehen können'. Er sagt in diesem Zusammenhang auch: 'Irren ist menschlich; nicht irren können ist unmenschlich.'
42 Auch wenn bei gestörtem 'Betriebsklima' die 'Untergebenen' sich nicht darauf hinzuweisen trauen.
43 Auch dem jüngeren echt und ehrlich zuhören; als jüngerer nicht 'einfach so' provozieren.
44 Auch in Leitsätzen für Führungskräfte (vgl. [SIE82] wird heute immer wieder die Wichtigkeit betont, alle Betroffenen vor wichtigen Entscheidungen (z.B. Einführung neuer Arbeitsmethoden, neuer Technologien,...) zu informieren (vgl. 3,1), ihre Vorschläge ernsthaft zu diskutieren, und erst aufgrund des nun ergänzten Wissensstandes zu entscheiden (vgl. 3,2).

45 Dies ist insbesondere dann der Fall, wenn der 'Rat der Mitarbeiter' nur formal, ohne wirkliches Interesse an ihrer Meinung eingeholt wird; wenn 'Mitwirkung' nur vorgegaukelt wird. Wird ein schlechter Chef einmal so durchschaut, dann ist die Vertrauensbasis langfristig und schwerwiegend zerstört (vgl. 'Wer einmal lügt, dem glaubt man nicht, und wenn er auch die Wahrheit spricht.') Auch 'weltlichen' Managern wäre das Nachdenken über eine 'höhere Verantwortung' (vgl. 3,11) zu empfehlen.

46 Es darf dabei nicht zu endlosen Debatten kommen, in denen sich jeder mit Macht durchsetzen will (vgl. 3,4).

47 Prior und Dekane in Kap. 21.

48 Und auch die ganze Kirche (vgl. "...nicht Herren eures Glaubens, sondern Diener eurer Freude...", 2 Kor. 1,24).

49 In der direkten Demokratie. Bei repräsentativer Demokratie gilt ähnliches wie in 3,5-6 für die gewählte Regierung.

50 Vgl. 64,17.

51 Vgl. Kap. 5 "Der Gehorsam"

52 Vgl. 58,14-16.

53 Diese besondere Verantwortung der Leitung durchzieht die ganze RB, vgl. z.B. Kap. 2 und 3,11.

54 Dies entspräche einer abzulehnenden 'Vertuschungstendenz'.

55 Auch unausdrückliches 'Insiderwissen'.

56 Vgl. hier die häufige Fehleinschätzung der 'Revision' in einem Betrieb nicht als Berater sondern als 'Henker'. Die Ursachen können neben einem verantwortungslosen Auftrag: 'Einen (irgendwie greifbaren) Schuldigen zu finden', auch menschliche Fehler der Berater sein.

57 Wie in manchen Sekten.

58 Vgl. 1,11.

59 Das entspricht einem 'Ausfiltern von Rauschen', um die 'wahre Nachricht' nicht zu überhören.

60 Vgl. auch 4,73.

61 KHAN hat in [KHA**] ein Szenario entworfen, das mit Ärger über herunterfallende Äpfel beim 'Nachbarn' beginnt und mit Mord am 'Feind' endet. Dieses ist einem Szenario nachgestellt, das die Eskalation zu einem atomaren Krieg beschreibt.

62 Vgl. Kap. 7.

63 Vgl. auch 4,59-60 und 7,24-25.

64 Vgl. auch 5,14-19.

65 Vgl. T. MOSER 'Gottesvergiftung' [MOS76].

66 Vgl. die Bemerkungen zu 7,13.

67 Vgl. auch Kap. 6.

68 Vgl. die Bemerkungen zu 4,49.

69 Diesbezügliche Versuche machen charismatische Erneuerungsbewegungen, z.B. in Frankreich bei Grenoble.

70 Kinder sollten nicht ohne die Möglichkeit zu einer späteren eigenen Entscheidung in eine Gemeinschaft integriert werden; vgl. die Bemerkungen zu Kap. 59.

71 Vgl. 2,2.

72 'Befehlsnotstand', vgl. Kap. 5 und 68.

73 Vgl auch [SIE82].

74 Vgl. 4,34.

75 Vgl. dazu in Anouilh's 'Becket', [ANO70] die größte Versuchung des Teufels etwa in dem Sinn: 'Du läßt dich ja nur deshalb für deinen Glauben umbringen, um ein großer Märtyrer zu werden.'

76 Vgl. Kap. 63.

77 Vgl. Fußnote 8.

78 Vgl. 1,4.

79 Vgl. die "stabilitas" in 58,17.

80 Vgl. 1,4-5 und das neue Verständnis der Firmung als 'Sendung'.
81 Vgl. hiezu auch [WES83] für das Gemeindeverständnis innerhalb von Pfarren.
82 Vgl. Kap. 2 und 64.
83 Vgl. 2,31.
84 Vgl. jedoch auch Kap. 68 ('unmöglicher Auftrag') und 71.
85 Daß auch der Gehorsam unter (anfänglichem) Murren nicht wertlos ist, zeigt das Gleichnis von den beiden Söhnen, vgl. Mt. 21,28-32.
86 Vgl. 5,15 und 7,34.
87 Nach den Erkenntnissen der 'Transaktionsanalyse'.
88 Vgl. BERNE, 'Spiele der Erwachsenen', [BER67].
89 Vgl. Kap. 58.
90 Vgl. 1,8-9
91 Vgl. [WES83] und insbesondere 7,35-36.
92 Vgl. ORWELL '1984', [ORW80].
93 Vgl. auch 4,51-54)
94 Vgl. die drei Freunde in der Hiob-Legende, deren 'gute Ratschläge' gründlich schiefgehen.
95 Althochdeutsch 'diomuoti' heißt 'Mut zum Dienen'.
96 Vgl. 4,34.
97 Vgl. auch Jes. 55 8-9.
98 Vgl. die Bemerkung zu 7,2.
99 Furcht bezieht sich auf eine konkrete Gefahr, Angst ist ein allgemeines objektloses Engegefühl.
100 Was immer seine 'Liebe' ist, da auch das Wesen dieser Liebe für uns unbegreiflich bleiben muß.
101 Ausnahme: Furcht gegenüber diesem Abgrund für immer allein zu bleiben, als Bild einer selbstgewollten Hölle, die aus freiem Willen den Brückenschlag Gottes ablehnt.
102 Vgl. Ps. 139,7 "Wohin sollte ich fliehen vor deinem Geist; du hältst mich von vorne und hinten umfangen." Die Aussage von 7,13 ist in 7,26-27 positiver formuliert.
103 Vgl. 'Gottesvergiftung' [MOS76], wo Gott als sadistischer Voyeur gesehen wird.
104 Vgl. demgegenüber das angstbegleitete Gefühl des Beobachtet- und Gesteuertwerdens (ein Leitsymptom schizophrener Psychosen), das Freiheit und Liebesfähigkeit auslöscht.
105 Vgl. [IGN26].
106 Die 'Gerechtigkeit' betrifft nur den Bereich der bewußten, freien Entscheidung. Dieser Spielraum ist, wie erst seit den Entdeckungen Freud's bekannt ist, viel kleiner als früher (und vermutlich auch von BENEDIKT) angenommen.
107 Vgl. PS 130,3-4 "...wolltest der Sünden du gedenken, Herr wer könnte da bestehen... doch bei dir ist Milde..."
108 Vgl. [LOR63].
109 Vgl. 7,11.
110 Vgl. [KAF60], wo Herr K. trotz aller Bemühungen nie das Gericht direkt erreicht.
111 Vgl. [MOS76].
112 Vgl. hiezu die Bemerkungen zu 5,2.
113 Vgl. auch [MAC79], der Entwurf der Geisteshaltungen einer Basisgemeinde, in denen es heißt: "...auch Aufgaben übernehmen, die man sich nicht ausgesucht hat..."
114 Bergpredigt, Matth. 5, 38 ff.
115 Vgl. Ps. 8.
116 Vgl. Kap. 58.
117 Vgl. die Bergpredigt, Mt. 5,39-41. LAPIDE [LAP84] deutet diese Haltung ('Entfeindungsliebe') im Sinne einer 'paradoxen Therapie' (vgl. WATZLAWIK [WAT79]) zur Konfliktauflösung.
118 Vgl. Ps. 32,3-5 "...da bekannte ich dir meine Schuld...".
119 Vgl. 4,62.
120 Vgl. die Bemerkungen zu 6,1-2.

121 Soweit das dem Problem entsprechend sachlich möglich ist. Es soll ja auch die Gefahr der unzulässigen Vereinfachung vermieden werden.
122 Vgl. die Bemerkungen zu Kap. 6 und Mt. 5,37 "...eure Rede sei Ja/Nein, was darüber hinausgeht, ist von Übel..."
123 Vgl. auch 4,62.
124 Vgl. [WES73], wenn dort auch gegenüber 7,67 die wesentliche Mitwirkung der Gemeinde am Reifungsprozeß stärker betont wird.
125 Vgl. auch die innere Ruhe, 'Trost', die IGNATIUS v. L. als Kennzeichen der richtigen 'Unterscheidung der Geister' angibt [IGN26].
126 Vgl. 43,3 und 20,1-2.
127 WELAN sagt in [WEL89]: 'Routine kann dazu dienen, Zeit zu gewinnen.'
Die Strukturierung des Tagesablaufes durch die Gebetszeiten schafft eine Regelmäßigkeit, die das tägliche Neuplanen (ein Streßfaktor bei Managern) weitgehend erleichtert. Man ist eben zu bestimmten Zeiten nicht verfügbar.
128 Vgl. [WES83].
129 Vgl. 58,7.
130 Vgl. 2,31 "Der Eigenart vieler dienen."
131 Etwas anderes sind persönliche Konflikte.
132 Stimmt das wirklich? Einerseits ist ein erhöhtes Interesse an langdauernden Meditationen (und auch das Psalmensingen hat eine meditative Komponente) festzustellen; andererseits ist es schwierig, diese individuelle Motivation auf eine ganze Gemeinschaft zu übertragen (auch aus zeitlichen Gründen). Oder sollten solche Gemeinden bewußt Zeichen einer anderen Prioritierung setzen, und dabei äußere 'Aktivitäten' zurückstellen?
133 Vgl. 13,2 und 20,1-2.
134 Vgl. hierzu den Unterschied zwischen 'Einzelhaltung' und tatsächlicher Handlung in den 'Geisteshaltungen' [MAC79].
135 Vgl. 8,1.
136 Vgl. Kap. 9,9.
137 Vgl. die Gebetszeiten im Islam, die im Gegensatz zu den christlichen auch von Laien in der Öffentlichkeit eingehalten werden.
138 Vgl. Eph. 5,18.
139 Vgl. jedoch 52,4.
140 Vgl. die Absage an Einzelkämpfer 1,4-5.
141 Vgl. [CAR70].
142 Vgl. die Hiob-Legende. Ebenso zieht sich dieser immer engagierte Streit mit Gott durch das ganze Alte Testament.
143 Vgl. [MOS76].
144 Vgl. die Bemerkungen zu 7,10.
145 Vgl. auf den Abt bezogen 2,12.
146 Vgl. [ORW80].
147 Durch 'Gewissenserziehung'.
148 Vgl. Gen. 3,5.
149 Vgl. z.B. Pünktlichkeit und 'demütiges' Verhalten gegenüber Amtspersonen und 'großzügige' Schlamperei in Pünktlichkeit und Verhalten gegenüber Gott.
150 Gemeint ist das stille Gebet innerhalb des Chorgebets.
151 Vgl. [WES83].
152 Vgl. 64,16.
153 Eine Delegation an Personen, deren Mangel an Vertrauenswürdigkeit bekannt ist, kann im Sinne von 'culpa in eligendo' als Fahrlässigkeit schuldhaft sein.
154 Vgl. Kap. 63.
155 Vgl. 2,2, wo die 'Macht' des Abtes nur stellvertretend für Christus definiert wird.

156 Dort existieren derzeit drei Teilgemeinden mit jeweils ca. 40 Erwachsenen, die aus je ca. sechs Runden zusammengesetzt sind.
157 Vgl. die organisatorischen Probleme mancher 'grünen' Gruppen.
158 Auch wenn ihn diese idealistisch in 'Leitsätzen für Führungskräfte' voraussetzen.
159 Das gilt z.B. für die Gewerkschaft in 'geschlossenen Betrieben' aber auch für den Eintritt in die Kirche durch Kindertaufe.
160 Vgl. Kap. 58.
161 Diese Spannung erleben viele 'Grüne' als Angestellte in der Industrie.
162 Auch die delegierende Gruppe kann an dieser Fehlentwicklung Schuld tragen. Es kommt oft vor, daß die Gruppenmitglieder regredieren, etwa in dem Sinn: 'Jetzt haben wir den ... gewählt, jetzt soll er alles organisieren!' Sie merken dann oft erst zu spät, daß sie ihn durch diese Passivität in die Rolle des Mächtigen hineinzwingen.
163 Vgl. Kap. 34.
164 Vgl. die 'Gemeinderegel' bei Mt. 18,15-17.
165 Auch der Schuldige wird in den Kapiteln 23-29 immer als "Bruder" bezeichnet!
166 Vgl. Mt. 7,1.
167 Vgl. Kap. 27.
168 Wenn das auch nicht immer zugegeben wird.
169 Vgl. 23,2-3.
170 In 'weltlichen' Organisationen würde besser das Wort 'Suspension' passen.
171 Vgl. Kap. 29,
172 Diese Denkweise setzt sich auch im gerichtlichen Strafvollzug, insbesondere bei Jugendlichen und 'Ersttätern' immer mehr durch.
173 Vgl. Kap 27.
174 Vgl. Mt. 9,12.
175 Vgl. [RIN83].
176 Vgl. auch Kap. 64.
177 Vgl. dazu die neurotisierende und im Extremfall lebensgefährdende Wirkung des Liebesentzugs beim Kleinkind (FREUD). Vgl. hiezu auch die Aussagen von Ringel über Selbstmordprophylaxe. Danach geht einem Selbstmord meist eine Phase der (Selbst-) Isolation voraus, die immer weniger Handlungsalternativen außer dem Selbstmord offenläßt, [RIN**].
178 Hier wurde bewußt das Wort 'Mitarbeiter' und nicht 'der mir Anvertraute' verwendet. Gegenüber 'Mitarbeitern' kann man viel leichter 'auf Distanz gehen'.
179 Vgl. 2 Kor. 1, 24.
180 Hier ist die Magisterregel, vgl. [MAG74], viel härter. Benedikt entnahm dieser älteren Regel ganze Passagen, fügte aber immer wieder die oben erwähnten menschlichen Vorgangsweisen hinzu.
181 Vgl. [IGN26].
182 Vgl. dazu das 77*7-malige Verzeihen bei Mt. 18, 22.
183 Vgl. die Vorsicht in Kap. 58 bei der Aufnahme neuer Brüder.
184 Sollte man von Managern so etwas wie eine 'Lehranalyse' verlangen?
185 Belastbar, ohne unter Streß, die Ruhe zu verlieren.
186 Große 'Stilbandbreite' vgl. [RED70].
187 Vgl. die Bemerkungen zu 31,6-7.
188 Vgl. 64,16.
189 Vgl. auch Kap. 65.
190 Vgl. dazu die aggressive Atmosphäre beim Warten im Finanzamt.
191 Vgl. [RIN83].
192 Vgl. 57,2-3.
193 Oder krankhaft Ehrgeizige.

194 Z.B. im Familienleben, wie die hohe Scheidungsrate in bestimmten verantwortungsvollen Berufen andeutet. Es könnte denkbar sein, für solche Berufe, z.B. Ärzte, Psychiater, Programmierer, (freiwillig) ein 'Coelibat' vorzuschlagen.
195 Nicht weniger wichtige konträre Charaktertypen wären ein Mystiker oder ein kreatives Genie.
196 Vgl. Apg. 4,32.
197 Hier bewußt nicht 'Gemeinde'.
198 Vgl. auch Kap. 34.
199 Vgl. ORWELL's 'Farm der Tiere', [ORW74]. '...alle Tiere sind gleich, nur manche sind gleicher...' ORWELL kritisiert hier Auswüchse der kommunistischen Gesellschaft; aber lebt jeder Abt, jeder leitende Angestellte,... gleich bescheiden wie die 'ihm Anvertrauten'?
200 Gegensatz zu Besitzsucht.
201 Vgl. den Sozialhirtenbrief der österreichischen Bischöfe [SOZ90]
202 Vgl. auch 55,20.
203 Vgl. [ORW80]: 'Macht ist die Fähigkeit, leiden zu machen.'
204 Askese ist, wie R. SCHÜTZ in der "Regel von Taize" sagt kein Selbstwert, sondern Hilfsmittel zu größerer Verfügbarkeit.
205 Es gab einmal einen Fernsehfilm, in dem ein Betriebsinhaber versuchte, dieses Prinzip im betrieblichen Alltag durchzuführen; in dem aber auch die aus Mißtrauen, Neid,... stammenden Schwierigkeiten gezeigt wurden, die zum fast völligen Scheitern des Experiments führten. Daneben spürte man aber auch das Freiwerden, die menschliche Reifung des Unternehmers.
206 Vgl. eine grundsätzliche 'Putzdiskussion' in einer Wiener Basisgemeinde, bei der es unter anderem darum ging, ob man sich in einer christlichen Gemeinde von unangenehmen Diensten, durch Anstellen einer Putzfrau, 'freikaufen' dürfe; bzw. ob dies unter dem 'Vorwand' möglich sei, damit für 'höhere' Aufgaben frei zu werden?
Es gibt aber auch heute noch Männer-Klöster, in denen Frauen die Klausur betreten dürfen, um zu putzen und für die Schmutzwäsche zu sorgen.
207 Wegen der verschiedenen Ausbildung.
208 Heute vorwiegend Männer!
209 Nicht nur als Symbolhandlung, wie die Fußwaschung am Gründonnerstag!
210 Das ganze Leben wird damit als Gottesdienst, als 'opus dei' angesehen.
211 Vgl. 1. Kor. 12.
212 Zu unterscheiden von wenig Leistungswilligen.
213 Vgl. Kap. 58.
214 Vgl. Kap. 59.
215 Nicht Lesung eigener Werke, zum eigenen Ruhm.
216 Bewußtmachen des Zieles der Gruppe vor Übernahme und nach Beendigung einer Aufgabe.
217 Vgl. den 'Personenkult', der um einen berühmten Schauspieler oder Opernsänger gemacht wird.
218 Es werden zur Tischlesung ja anspruchsvolle Texte verwendet, die den Zuhörer zur Überlegung anregen sollen. Und dazu ist ein ernsthaftes Gespräch oft entscheidend notwendig.
219 Vgl. hiezu die Charismenlehre bei PAULUS 1 Kor. 12, nach der jeder in einer anderen ihm von Gott geschenkten Weise der Gemeinde dienen soll.
220 Daher ist das Wort 'Selbstwert' nicht ganz richtig.
221 Etwa ein Viertelliter.
222 Vgl. die Bemerkungen zu 39,7-8.
223 Vgl. 39,7-8.
224 Dies könnte auch bei ihm der häufige Denkfehler des 'Traums von der guten alten Zeit' sein.
225 Vgl. dazu das Vorwort und im abschließenden Kapitel 73,1: "Ein klein wenig, einen Anfang."
226 Meist wenig effektiv durch Übermüdung.
227 Doch dürfte in den Klöstern Benedikts, im Gegensatz zu unserer berufsbedingten Tageseinteilung, dazu untertags Gelegenheit gewesen sein.
228 Vgl. Kap. 20.

229 Vgl. 24,4-7.
230 Vgl. die Erbsünde, verstanden als geistige 'Umweltverschmutzung', zu der jede Schuld beiträgt.
231 Diese erfolgt meist erzwungen und nicht aus eigenem Antrieb. Auch ist dort die Gesellschaft als 'anonyme Masse' und nicht als 'personenbezogene Gemeinde' organisiert.
232 Vgl. Kap. 21.
233 Nicht mehr 'Beteiligte'.
234 Vgl. die Bemerkung zu 45,1.
235 Um eigene Fehler erkennen und heilen zu lernen, schreibt die Psychoanalyse nach FREUD eine 'Lehranalyse' vor.
236 Bemerkung: In der Beuroner Ausgabe der RB [BEN77] werden zu fast allen Kapiteln einschlägige Bibelstellen zitiert; nicht jedoch zu den Kapiteln des 'Strafrechts' (Kap. 44-46). Sind diese Kapitel ganz besonders eine eigene Schöpfung BENEDIKTS?
237 Vgl. 38,12.
238 Im Sinne von bezahlter Lohnarbeit, was nicht das Gleiche ist wie eine, eventuell unbezahlte, sinnvolle Tätigkeit. Vgl. auch die Enzyklika 'laborem exercens' [LAB83] und neuere Ansätze der Sozialethik, wie bei BÜCHELE [BUC85], sowie den Sozialhirtenbrief der österreichischen Bischöfe [SOZ90].
239 Dies könnte auch im Zusammenhang mit einem 'Bildungsurlaub' geschehen.
240 Vgl. die Vorgangsweise bei der ZEN-Meditation. Dort geht der Meister während der Meditation umher und teilt denen, die einzuschlafen drohen, Schläge aus. Auch dort wird das eher als Hilfe, denn als Strafe empfunden.
241 Z.B. Modelle des gleitenden Übergangs in die Pension (durch schrittweise abnehmende Teilzeitarbeit), wie sie von Firmen der BRD und neuerdings auch von der Sozialversicherung Österreichs diskutiert werden.
242 Vgl. 49,2 "...nur wenige die Kraft dazu haben..."
243 In der 'Welt' ein Psychologe.
244 Vgl. das Vorwort und den Schluß der Regel.
245 Hinsichtlich der Selbstüberschätzung aus Stolz vgl. auch 57,2-3.
246 Hier ist der Sonntags-Gottesdienst gemeint.
247 Im heutigen Kirchenbau werden oft derartige Mehrzweckräume realisiert. Dabei kann z.B. eine dauernd bestehende Kapelle durch variable Wände vorübergehend zu einem großem Sakralraum umgestaltet werden. Auch in armen Ländern der dritten Welt scheint mir diese Trennung eine Verschwendung.
248 Viele Flughäfen bieten z.B. heute einen nicht an spezielle Religionen gebundenen 'Meditationsraum' an.
249 Auch BENEDIKT unterscheidet zwischen der 'Kerngruppe' (den Brüdern) und einem 'Randbereich' (Gäste).
250 Vgl. 58,4 "Ein paar Tage in der Wohnung der Gäste..." und Kap. 61.
251 BENEDIKT rechnet vermutlich bei den Gästen hauptsächlich mit anderen Mönchen?
252 Vgl. 53,2.
253 Vgl. [STO75].
254 Vgl. auch Kap. 35-38.
255 Das Licht nicht unter einen Scheffel stellen, vgl. Mt. 5,15.
256 All diese Macht des Abtes muß man im Licht der hohen Anforderungen sehen (vgl. Kap. 2 und 64), die BENEDIKT an die 'Führungsqualitäten' des Abtes stellt. Hier ist ein wesentlicher Unterschied zur Magisterregel [MAG74] zu sehen, die von einem wesentlich 'despotischeren' Bild des Abtes ('abbas tyrannus') ausgeht.
257 Vgl. 55,18-20.
258 Vgl. die Vorgangsweise der südamerikanischen Basisgemeinden und ihre theologische Grundlegung bei L. BOFF, z.B. [BOF80].
259 Vgl. 40,1-2.

260 Vgl. 7 und 9: Akutalisiert man diese Bestimmungen, so wäre auch heute Alltagskleidung für Mönche sinnvoll. Die Armen könnten diese Sachen dann weitertragen, nicht aber einen Habit.
261 Ausnahme China.
262 Ein Grenzfall war der hl. Franziskus. Von ihm wird berichtet , daß er jedesmal, wenn er einen Bruder mit einer noch schäbigeren Kutte als der seinigen traf, diese mit ihm tauschen wollte. Vgl. aber auch Matth. 6,16-18 (kein Aufsehen erregen beim Fasten).
263 Nicht als 'Eigentum' sondern nur zum Gebrauch.
264 Vgl. Apg. 4,35.
265 Diese Unterschiede sieht auch MARX, vgl. z.B. [MAR63] in seiner utopischen Endzeitgesellschaft.
266 Vgl. 31,7.
267 Vgl. 56,2.
268 Vgl. 'Managerkrankheiten'.
269 Das heißt nicht, daß die handwerkliche Tüchtigkeit nicht anerkannt werden soll. Sie soll aber, zumindest im Kloster, nicht zu hohe Priorität haben.
270 Es könnte z.B. ein 'reiner Humanist' in einer christlichen Gemeinde mitleben wollen, obwohl er mit Gott nichts anfangen kann.
271 Vgl. jedoch Initiationsriten in englischen Colleges, usw.
272 Vgl. 58,14.
273 Die etwa einem äußeren Freundeskreis des Klosters angehören wollen.
274 Das 'Hineinwachsenwollen' ist viel mehr als reines Interesse.
275 Bei Siemens [ROC86]: "wird neuen Mitarbeitern ein 'Pate' zugewiesen. Er ist in der Regel ein langjähriger, erfahrener Mitarbeiter, der in den ersten sechs Monaten bis zu zwei Jahren den neuen Kollegen betreut, in allen Bereichen berät und in die geschriebenen und ungeschriebenen Gesetze einführt."
276 Die heutige 'Servicekirche', die alles Engagement beim, immer selteneren, Priester konzentriert, ist zu dieser Begleitung beim Aufbau einer aktiven Gemeinde kaum in der Lage.
277 "Die Seelen gewinnen..." meint den ganzen Menschen.
278 Vgl. 58,9-13.
279 Das braucht viel Weisheit, in heutiger Sprache tiefenpsychologische Kenntnisse. Vgl. auch 58,6.
280 Neue Ordensgemeinschaften verzichten überhaupt auf Gelübde.
281 Vgl. 1,10-11.
282 Demgegenüber steht eine kurzfristige Bindung, z.B. auf Projektdauer, die vorwiegend sachlich, nicht personal begründet ist.
283 Damit ist allgemein die Einhaltung der RB gemeint.
284 Vgl. Kap. 61.
285 Vgl. 'Tauferneuerung' als Eintritt in eine Basisgemeinde ,WESS [WES83].
286 Vgl. die Diskussionen über die 'Priestertracht'.
287 In altchristlicher Zeit konnte der Wille der Eltern das Kind rechtsgültig zum Mönch machen. Aber schon nach BASILIUS (+ 379) entscheidet das Kind nach Erreichen der Volljährigkeit selbst. Vgl. die Fußnote auf S. 99 in [BEN77].
288 Vgl. WESS [WES83] zur Frage des allgemeinen und speziellen Priestertums in christlichen Gemeinden.
289 Das gilt auch für eine Übersiedlung in einen anderen Kulturkreis.
290 Vgl. Kap. 3.
291 Vgl. Kap 72.
292 Vgl. 64,4-6.
293 Vgl. Kap. 58.
294 Oder wegen wesentlicher Unterschiede in Weltanschauung oder Gemeindeverständnis.
295 Die z.B. aus verschiedenem Gemeindeverständnis, aus verschiedenen Schwerpunkten ihrer Initiativen, usw. herrühren.
296 Vor diesem Problem steht auch jeder Chef bei der Abfassung eines Austrittszeugnisses.

297 Vgl. die Mahnung in 61,4.
298 'viri probati'.
299 Vgl. [WES83].
300 Damit ist vor allem die klerikale Würde gemeint.
301 Vgl. die viel positivere Sichtweise in 73,3-8.
302 Wie sich die bessere Einsicht des noch so kleinen Teils durchsetzt, sagt BENEDIKT nicht. Deutungen gehen von der Leitung durch den Heiligen Geist oder von der Eingriffsmöglichkeit des Bischofs aus.
303 RINGEL verlangt in [RIN83]: "keine Machtverliebtheit..."
304 Vgl. 64,14.
305 RINGEL in [RIN83]: "Nicht mit Angst herrschen!"
306 Das Personalberatungsunternehmen KORN/FERRY verwendet in [KOR89] fast wörtlich die gleichen Formulierungen hinsichtlich der Anforderungen, die an die 'Führungskraft-2000' gestellt werden.
307 WELAN verlangt in [WEL89] vom Rektor einer Universität, er müsse "ruhender Pol" sein.
308 Vgl. [RED70].
309 Vgl. 'Exception Management'.
310 Vgl. die 'Entscheidungsanalyse' bei Tuschy [TUS80].
311 RINGEL verlangt in [RIN83] von Führungskräften: "Schwache fördern, nicht bequem kaltstellen."
312 Vgl. [SIE82].
313 Vgl. Kap. 7.
314 Vgl. Kap. 21.
315 Vgl. Kap. 72,1.
316 Als 'Überlebensprogramm' in einer chaotischen Umwelt sinnvoll. Zur Zeit Benedikts zerfiel die Kultur und Zivilisation des Altertums endgültig in den Wirren der Völkerwanderung und des beginnenden Mittelalters. Unter diesen Umständen war eine selbstgewählte, mit Autarkie verbundene, Isolation eine sinnvolle Strategie; nicht nur zum biologischen Überleben, sondern auch zur Erhaltung der Wertordnung und der Kultur. In dieser Funktion haben sich die Klöster BENEDIKTS historisch bewährt.
Ähnliche Strukturen könnten das Überleben kleinerer Gruppen, als 'Keimzellen' für einen Neubeginn nach einem großen Krieg in Zukunft ermöglichen.
317 Vgl. das Bild von der 'Stadt auf dem Berge', vgl. Mt. 5,14.
318 Daß diese Frage auch heute als wichtig angesehen wird, zeigen viele neuere 'apokalyptische' Science-Fiction-Romane. Dort tritt immer wieder das Thema des Überlebens kleiner Gruppen angesichts einer zerstörten Umwelt, z.B. nach einer umfassenden Seuche oder nach einem Atomkrieg, in den Mittelpunkt.
Es wäre interessant, die in diesen Büchern und in der RB gewählten Lösungsansätze zu vergleichen. Vielleicht wäre daraus manches über die Ängste und Chancen unserer heutigen Welt zu lernen; aber auch über teilweise unbewußte Grundlagen der 'grünen Bewegung'.
319 Zu diesem 'Gewissensfall' oder 'Befehlsnotstand': vgl. Apg. 5,29.
320 Andererseits kann die eigene Motivation, mit einer zunächst als unmöglich angesehenen Aufgabe fertigzuwerden, auf die man sich vielleicht unvorsichtig einließ, ebenso stark wirken.
321 Vgl. hiezu die Funktion des Betriebsrates in einer Firma.
322 Vgl. Kap. 3.
323 Vgl. 72,6-8.
324 Die 'Demutshaltung' wird von BENEDIKT nicht nur für den Fall vorgeschrieben, in dem man selbst im Unrecht war, sondern auch für den Fall, daß 'irgendetwas Ungutes in der Luft liegt'. Vgl. auch Mt. 5,23-24: "Wenn dein Bruder etwas gegen dich hat, so laß deine Gabe am Altar liegen, und versöhne dich mit ihm."

Index der Benediktregel[1]

Die Zahlen beziehen sich auf Kapitel und Vers; V = Vorwort

[1] Der Index wurde dem deutschen Regeltext [BEN77] entnommen.

Index des Kommentars.

Der Index in Begriffen heutiger Situationen soll helfen zu entsprechenden Stellen der RB zu finden.[1]

Der Index wurde bewußt ausführlich gehalten, um aus möglichst vielen Fragestellungen heraus einen Zugang zur Benediktregel zu ermöglichen.

Der Index[2] bezieht sich auf den Kommentarteil. Bei den Indexwörtern wird jeweils auf Kapitel und Vers der RB bezug genommen.

A

1 Das Kapitel-Verzeichnis ist dazu weniger geeignet, da es sich unmittelbar auf das Leben im Kloster bezieht.

2 Es wird folgende Notation verwendet: Kapitel: V...Vorwort, Nummer des Kapitels; Versnummer nur, wenn einzelne Verse betroffen sind.

B

C

D

Literatur

[ANO70] ANOUILH
Becket oder die Ehre Gottes.
Langen Müller Paperbacks, München 1970

[BEN77] BENEDIKT
Die Regel des heiligen Benedikt.
Beuroner Kunstverlag 1977

[MUL**] MÜLLER Ch.
D Regle vom hl. Benedikt.
Eigenverlag Kloster Einsiedeln

[BER67] BERNE
Spiele der Erwachsenen.
Rowohlt-Verlag 1967

[BOF80] BOFF L.
Die Neuentdeckung der Kirche; Basisgemeinden in Lateinamerika.
Matthias-Grünewald-Verlag 1980

[BUC85] BÜCHELE H., WOHLGENANNT L.
Grundeinkommen ohne Arbeit; auf dem Weg zu einer kommunikativen Gesellschaft.
Hrsg. Kath. Soz. Akad. Österr.
Europaverlag 1985

[CAR70] CARDENAL E.
Zerschneide den Stacheldraht, Lateinamerikanische Psalmen.
Jugenddienst-Verlag, Wuppertal 1970

[FRA77] FRANKL V.
Das Leiden am sinnlosen Leben.
Herder-Verlag 1977.

[HOL80] HOLZHERR G.
Die Benediktsregel, eine Anleitung zu christlichem Leben.
Benzinger-Verlag 1980

[IGN26] IGNATIUS v. Loyola
Exerzitienbüchlein.
Kath. Preßverein, Linz 1960

[KAF60] KAFKA F.
Der Prozeß.
Fischer Bücherei 1960

[KHA**] KHAN
Der Holzäpfelkrieg.

[KOR89] KORN/FERRY
Neudefinition der Führungskraft.
cit. WdF 1989

[LAB83] NELL-BREUNING O.
Arbeit vor Kapital, Kommentar zur Enzyklika 'laborem exercens' von Johannes Paul II.
Hrsg. Kath. Soz. Akad. Österreich, Europaverlag 1983.

[LAP84] LAPIDE P.
Wie liebt man seine Feinde?
Matthias-Grünewald-Verlag 1984

[LOR63] LORENZ K.
Das sogenannte Böse.
G. Borotha-Schöller-Verlag Wien, 1963.

[MAC79] Gemeinde Machstraße
2. Entwurf einer Zusammenstellung der Geisteshaltungen in der Gemeinde.
Unveröffentlichtes Manuskript, Ostern 1979

[MAG74]
Die Regel der Magister.
Vier-Türme-Verlag
Münsterschwarzach 1974

[MAR63]
Grundlagen des Marxismus-Leninismus.
Dietz-Verlag Berlin 1963

[MOS76] MOSER T.
Gottesvergiftung.
Frankfurt/M., 1976.

[NIE**] NIETZSCHE F.
Also sprach Zarathustra.
('Übermensch')

[ORW80] ORWELL G.
1984.
Ullstein-Verlag, 1980

[ORW74] ORWELL G.
Die Farm der Tiere.
Diogenes-Verlag, Zürich 1974

[RED70] REDDIN W.J.
Managerial Effectiveness.
Mc Graw Hill 1970

[RIN83] RINGEL E.
Vortrag 'Psychohygiene der Arbeitswelt'.
Wien, 1983

[RIN84] RINGEL E.
Der selbstmordgefährdete Mensch und seine Umwelt, dargestellt mit Liedern Georg Kreislers.
In "Die österreichische Seele"
Böhlau-Verlag 1984

[RIS82] RISAK V.
'Und kannst du selber kein Ganzes werden...'
Unveröff. Manuskript 1982

[ROC86] ROCHOW D.
Die ersten 149 Tage.
Siemens-Mitteilungen 1986 H. 9, S. 8-9

[SCH89] SCHULZE G.
Menschenführer, nicht Alleinherrscher.
WdF 1989

[SIE82]
Leitsätze für Führungskräfte.
Siemens-Eigenverlag 1982

[SOZ90]
Sozialhirtenbrief der katholischen Bischöfe Österreichs
1990

[STO75] STÖCKL A.
Taize.
Siebenstern Taschenbuchverlag
Hamburg 1975

[TUS80] TUSCHY
Probleme lösen, Entscheidungen vorbereiten.
Siemens-Eigenverlag München 1980

[VAK90] VAK K.
Brief an eine junge Führungskraft.
cit. industrie 17. Jan. 1990, S. 11

[WAT79] WATZLAWIK
Lösungen, zur Theorie und Praxis menschlichen Wandels.
Hans-Huber-Verlag, Bern 1979.

[WEL89] WELAN M.
Der Rektor - oder Management in bürokratisierten Anarchien.
ÖHZ Okt. 1989, S. 5 ff.

[WES73] WEß P.
Befreit von Angst und Einsamkeit.
Styria-Verlag 1973

[WES83] WEß P.
Ihr alle seid Geschwister.
Matthias-Grünewald-Verlag, Mainz
1983